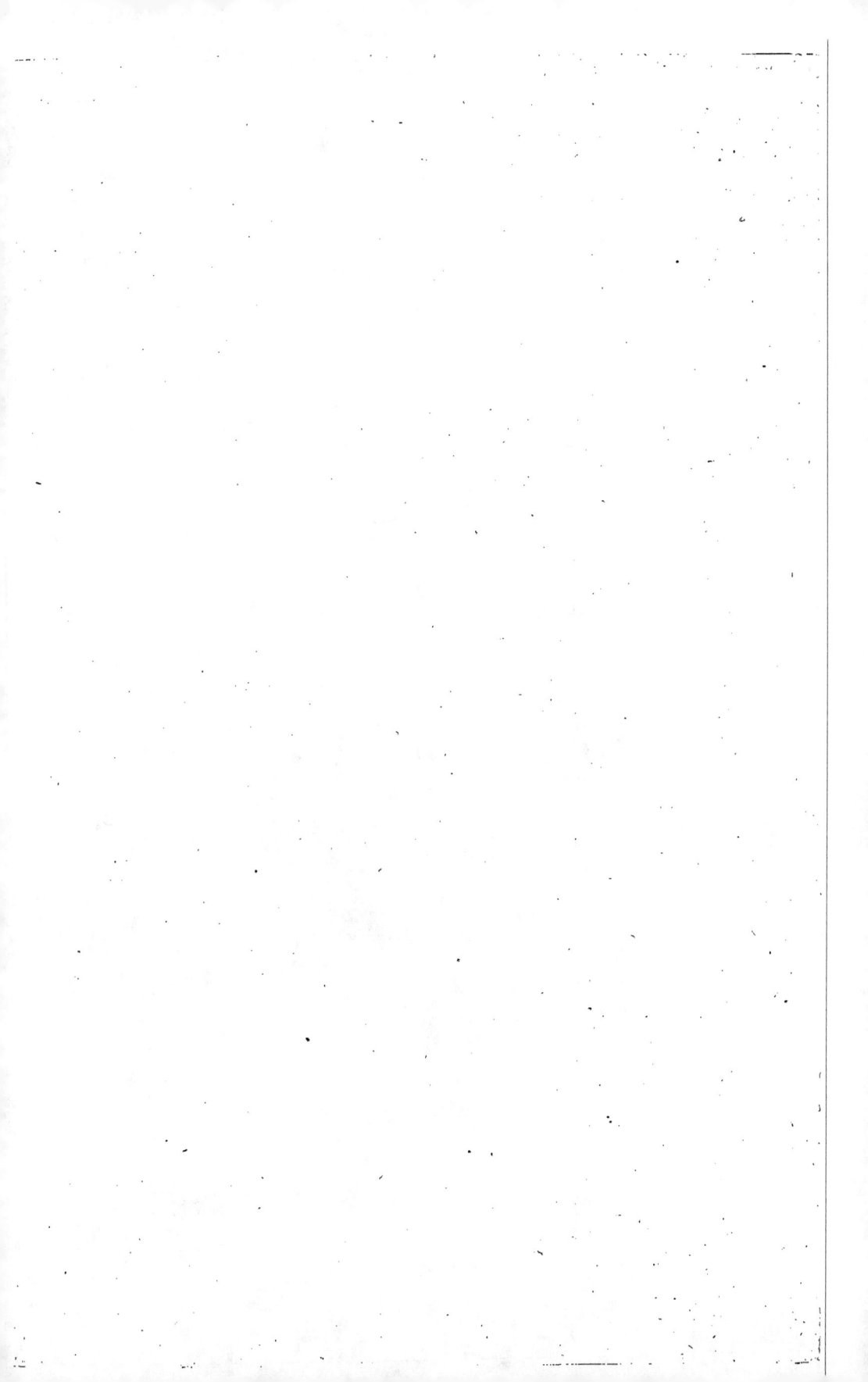

G

6766

44-0

2 Vol. a Cartonner
1 De table – 1 D'Atlas
sur anglais
2 feuillets de couverture
bleue pour titre

DICTIONNAIRE

UNIVERSEL

DE GÉOGRAPHIE, D'HISTOIRE NATURELLE

ET DE BIOGRAPHIE,

CONTENANT

la Description de tous les lieux de la terre, les Produits du règne Animal, Végétal et Minéral,
les Religions, les Coutumes, les Mœurs de ses habitants, l'Histoire et la Statistique
de sa Population, etc. ; l'État de l'Industrie et du Commerce, la Collection
des Constitutions et des principaux Traités de Paix, de Partage,
de Navigation, de Commerce, ainsi que la Vie des Hommes
qui ont le plus illustré leur patrie,

PAR V. TAPIÉ,

ACCOMPAGNÉ D'UN ATLAS DE 120 FEUILLES IN-FOLIO,

représentant des Cartes géographiques coloriées au pinceau, ou des sujets d'histoire naturelle,

PAR J.-G. HECK.

Conditions de la Souscription.

L'ouvrage, imprimé par LACRAMPE et Comp., sur beau papier, formera 2 beaux vol. in-4° composés de 140 livraisons à 50 cent. la livraison. Chaque livraison se compose de deux feuilles de texte avec une planche in-f° d'histoire naturelle, ou une carte géographique coloriée. Il paraît une livraison par semaine.

PARIS.

J. MALLET et Compagnie,

Éditeurs de TÉLÉMAQUE, de LA JÉRUSALEM DÉLIVRÉE et de LA MYTHOLOGIE, illustrées, etc.,

9 ET 11, RUE DE L'ABBAYE.

1842.

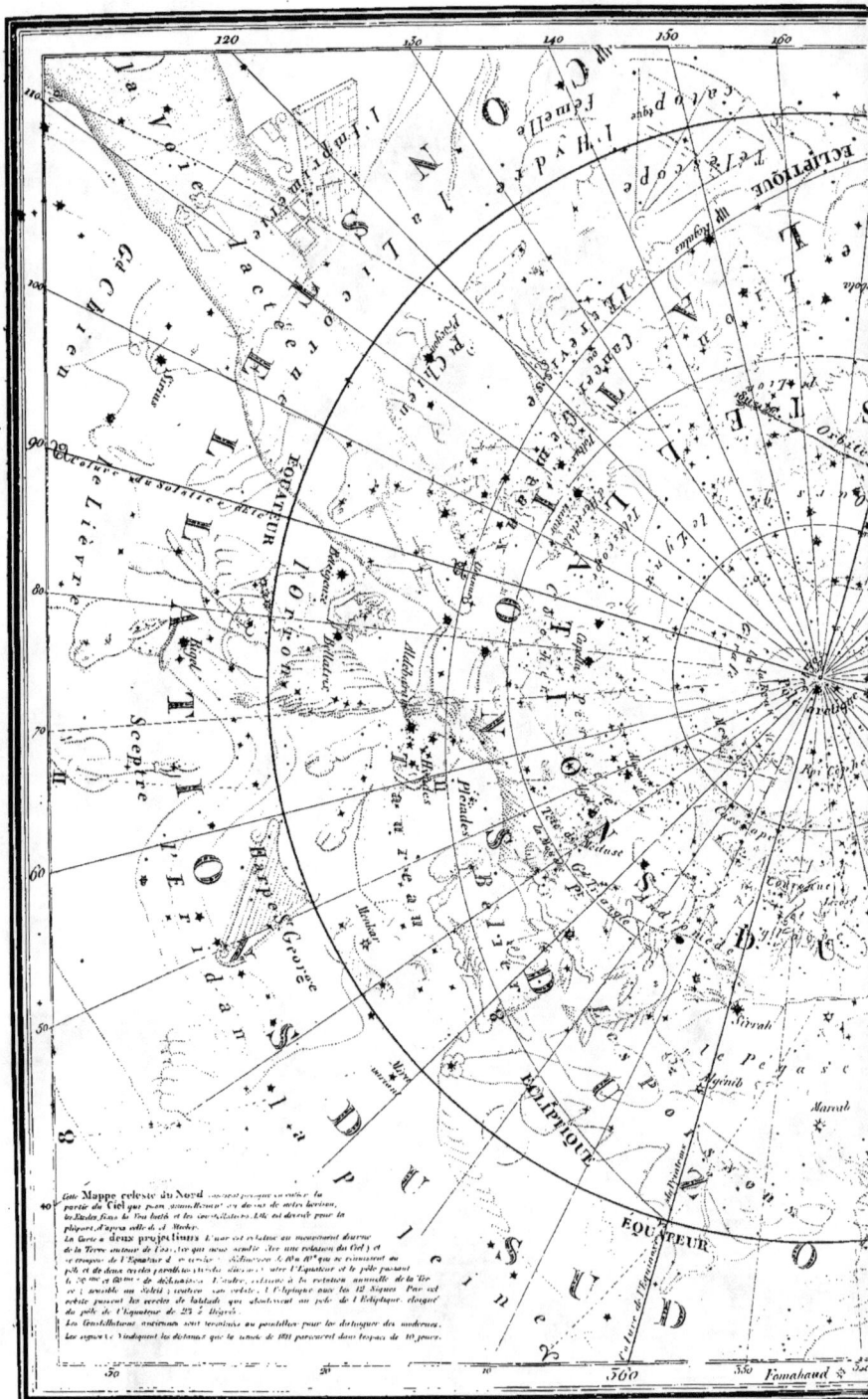

Mappe céleste du Nord

ÉQUATEUR

ÉCLIPTIQUE

Fomahaud

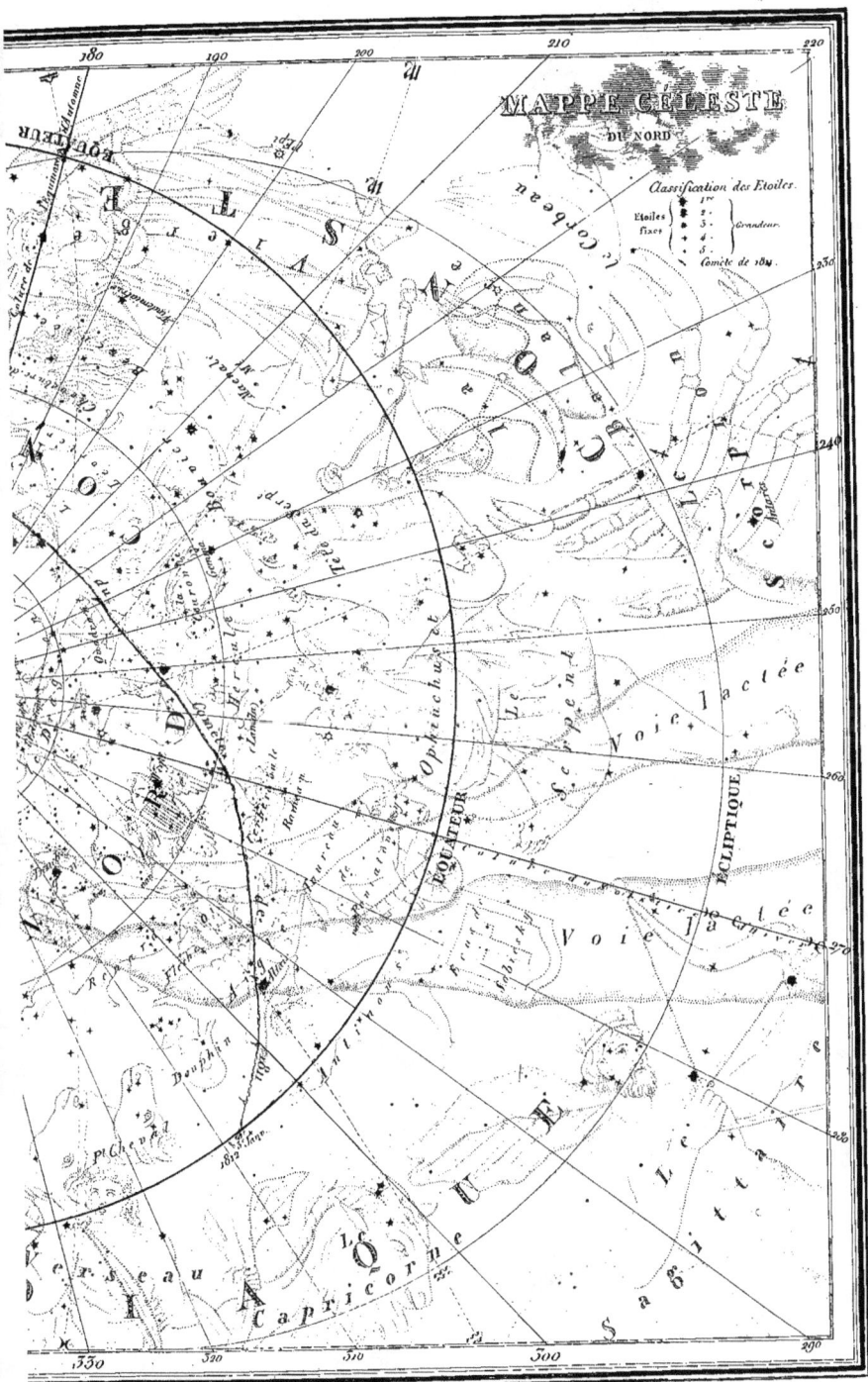

MAPPE CÉLESTE
DU NORD

Classification des Etoiles.

Etoiles fixes { 1re / 2. / 3. / 4. / 5. } Grandeur.

Comète de 1811.

180　190　200　210　220　230　240　250　260　270　280

EQUATEUR

ÉCLIPTIQUE

ECLIPTIQUE

Le Céphée

Scorpion

Ophiuchus

Le Serpent

Hercule

Voie lactée

Voie lactée

Le Sagittaire

Dauphin

Pt Cheval

Verseau

Capricorne

Sagittaire

330　320　310　300　290

HÉMISPHÈRE DE I

Pôle

OCÉ

Mer de Grönlande

Islande

Spitsberg

GLA

V

O

Mer de Nord

Norvège

C

É

Iles Britanniques

Irlande

Angleterre Mer du Nord

Finlande

A

N

R

E

U

R

O

P

E

Europe

MÉDITERRA

Asie

Açores

Madère

Dét. de Gib.

Canaries

Tropique

SAHARA

Fezzan

Arabie

AFRIQUE

Sénégambie

Guinée Septentr.

Nubie

Abissinie

Galla

Équateur ou

GOLFE DE GUINÉE

Guinée Merid.

Niemeyers

Zanguebar

Iles Seychelles

Ascension

MER

Congo

Cap Nigro

Monomotapa

Madagascar

St Hélène

Tropique

Hottentots

le CAP

Cap de bonne Espérance

OCÉAN ATLANTIQUE AUSTRAL

Gr. OCÉAN

OCÉAN GLACIA

Longitude Orientale

OCÉAN ARCTIQUE

SIBÉRIE

Mer d'Okhotsk

GRAND OCÉAN BORÉAL

O C É A N

Arch. Magelhan
du Cancer

Archipel
d'Anson

I. Mariannes

I. Carolines

Équinoxiale

I. Philippines

Bornéo

GRAND ARCHIPEL

Mer de Corail

Timor

N.le Guinée

ARCH. Salomon

Capricorne

Terre d'Arnheim

MER DU CORAIL

NOUVELLE

Terre d'Edels

HOLLANDE

Terre de Nuyts

Terre de Diemen

A U S T R A L

ANTARCTIQUE

INDES

Golfe de Bengale

HÉMISPHÈRE BORÉAL.

HÉMISPHÈRE DU N...
et ses...

.On sait que les Géographes ont divisé les habitans de la Terre en trois classes. **Les Periœciens. Antœciens et Antipodes.**

Les Periœciens, c'est-à-dire, habitans autour, sont les peuples qui demeurent sous le même parallèle, mais sous deux méridiens opposés ; tels sont les peuples de Mexico et de Surate, d'où il s'ensuit qu'ils ont même latitude dans le même hémisphère, même pôle, même climat, et par conséquent mêmes saisons de l'année. Mais ils diffèrent en longitude de 180.° et ont, à cause de cela, les heures opposées, les uns ont midi, quand les autres ont minuit.

Les **Antœciens**, *c'est à dire, les habitans de deux côtés opposés, sont ceux qui ont une même longitude, mais sous deux parallèles opposés, également distans de l'équateur; tels sont les peuples du cap de Bonne Espérance et ceux du cap Matapan. Ils ont même élévation du pôle, mais dans différens hémisphères; ils ont aussi en même tems midi et minuit, mais leurs saisons sont différentes; quand les uns ont l'été, les autres ont l'hiver et vice versa, et quand les uns ont leurs plus longs jours, les autres ont leurs plus longues nuits.*

HÉMISPHÈRE DES TERRES.

Pole arctique

...Le planiglobe des Antipodes donne en surplus lieu à plus... d'œil on remarque que la plus grande partie de la Terre, form... Nouvelle Hollande la partie de l'Océan atlantique dégarnie d'îles... frique reçoit les principaux groupes d'îles du grand Océan; l'Espagne...

Gravé sous la Direction de l'Auteur.

AU CONTINENT
...odes.

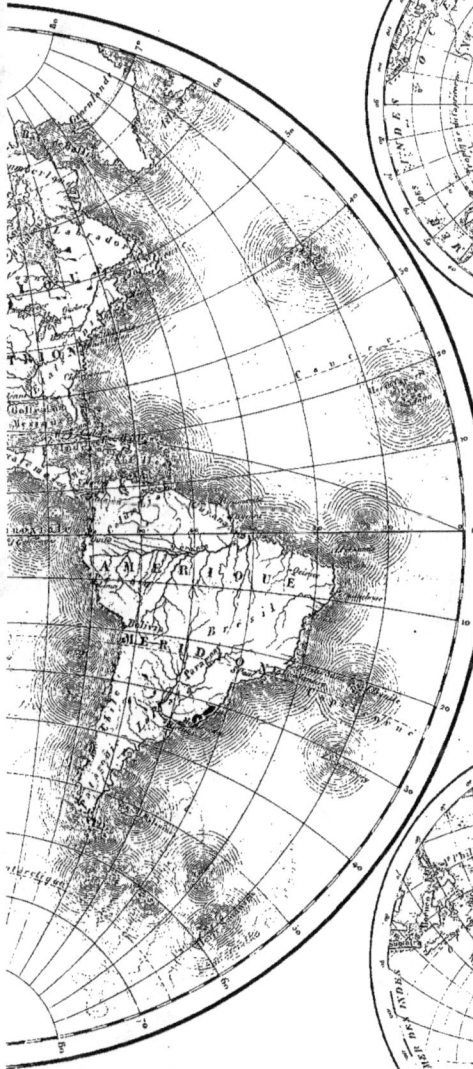

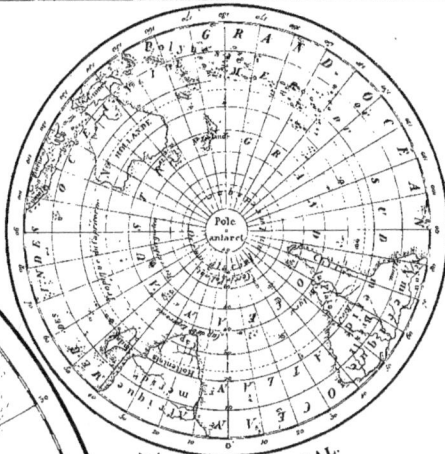

HÉMISPHÈRE AUSTRAL.

Les Antipodes sont les peuples qui sont distans les uns des autres de tout le diamètre de la Terre; le Zénith des uns sert de Nadir aux autres. Ils ont même climat, même Zône, latitude égale et non la même, étant dans différens hémisphères; ils diffèrent en longitude de 180°. Ils ont tout opposé heures, jours et saisons.

Pour rendre cette division plus intelligible, nous avons construit ce Planiglobe dont l'idée est empruntée à M. Stieler. Les deux hémisphères y sont réunis. La figure principale (l'hémisphère américain) montre où se trouvent nos Antipodes et vice versa. Les deux côtés du Globe, supposé transparent, sont distingués par les couleurs noires et rouges employées à l'impression.

HÉMISPHÈRE DES EAUX.

...res observations non moins interessantes. Au premier coup ...cien continent remplit presque en entier le grand Océan; et la ...Indes orientales et les Indes occidentales se touchent presque; que l'A ...e Zélande et le Canal de la Manche l'île des Antipodes.

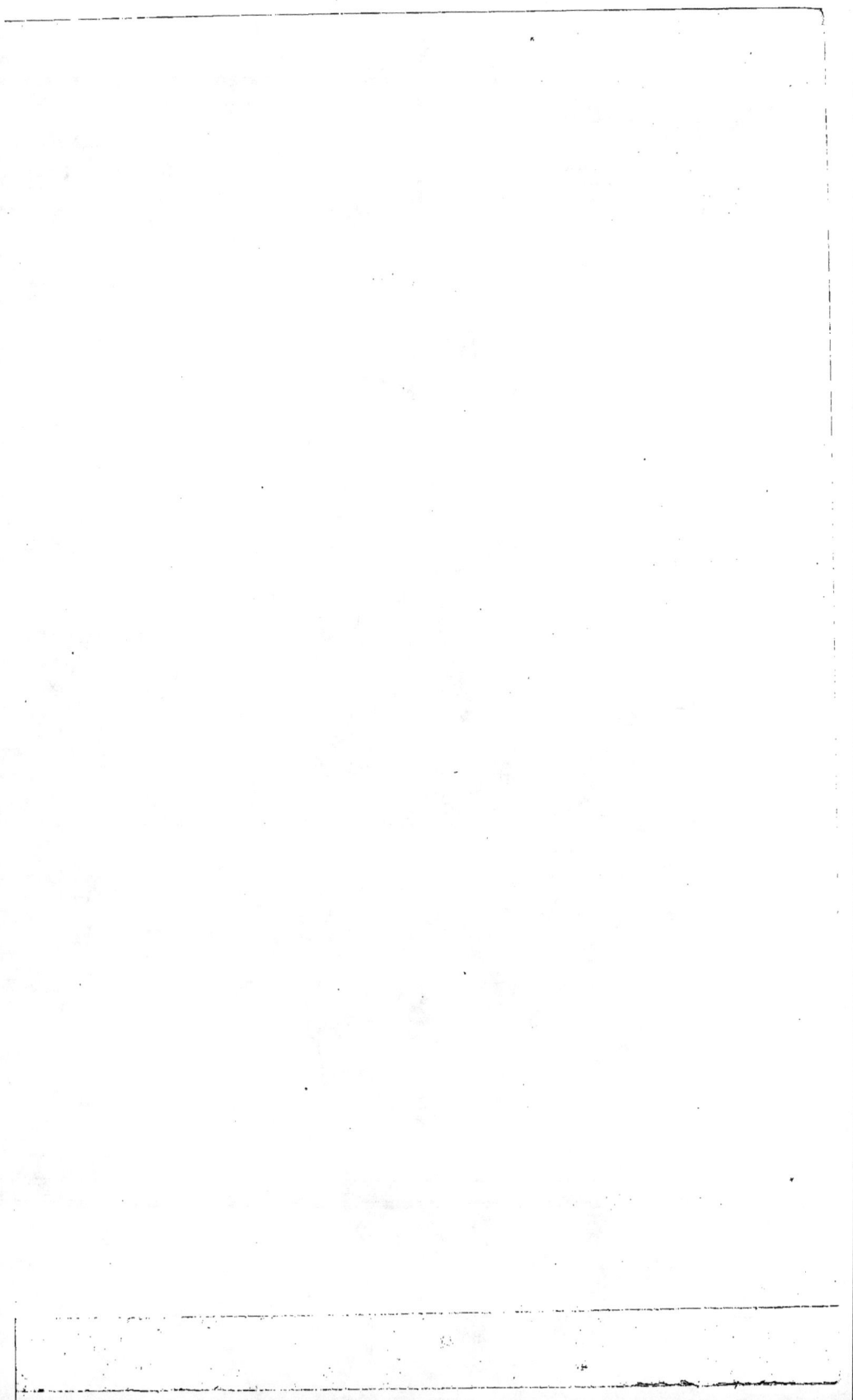

Pour faciliter l'étude de l'histoire des Découvertes et des Voyages autour du Globe nous avons
marqué sur notre carte le tracé de plusieurs voyageurs distingués, savoir:

Premier voyage en Amérique et découverte de l'île Guanahani ou St Salvador par
Don Christoval Colombo en 1492—1493

Premier voyage autour du Cap de bonne Espérance, par Don Vasco de Gama en 1497—1499

Voyage autour du Globe du Capitaine Samuel Wallis en 1766—1767

Premier voyage autour du Globe du Capitaine James Cook en 1768—1771

Second voyage de Cook en 1772—1775

Troisième et dernier voyage de Cook en 1776—1780

Voyage autour du Globe de Louis Antoine de Bougainville en 1768—1769

Voyage autour du Globe du Capitaine russe Krusenstern en 1803—1806

Voyage autour du Globe de M. L. J. Duperrey sur la Corvette la Coquille en 1822—1825

MAPP

Projectio

pou

à la lecture de l'histoire

autou

avec la Division des prin

SELON LE SYSTÈ

J. G.

publiée par E

A

OCÉAN GLACIAL ARC

GROENLAND

MER DE GROENLAND

OCÉAN ATLANTIQUE BORÉAL

SPITZBERG

Islande

Îles Açores

Îles Canaries

Îles du Cap vert

MÉDITERRANÉE

Perse

Cercle polaire arctique

Désert de Cobi

Golfe d'Oman

Golfe du Bengale

Ceilan

Îles Maldives

ÉQUATEUR

MER DES INDES

Seychelles

Le Cap

Tristan de Acuña

Diego Alvarez

AUSTRAL

OCÉAN ATL

Amsterdam
Île St Paul

Terre de Kerguelen

HOLLANDE

Van Diemens Land

OCÉA

GRAND OCÉA

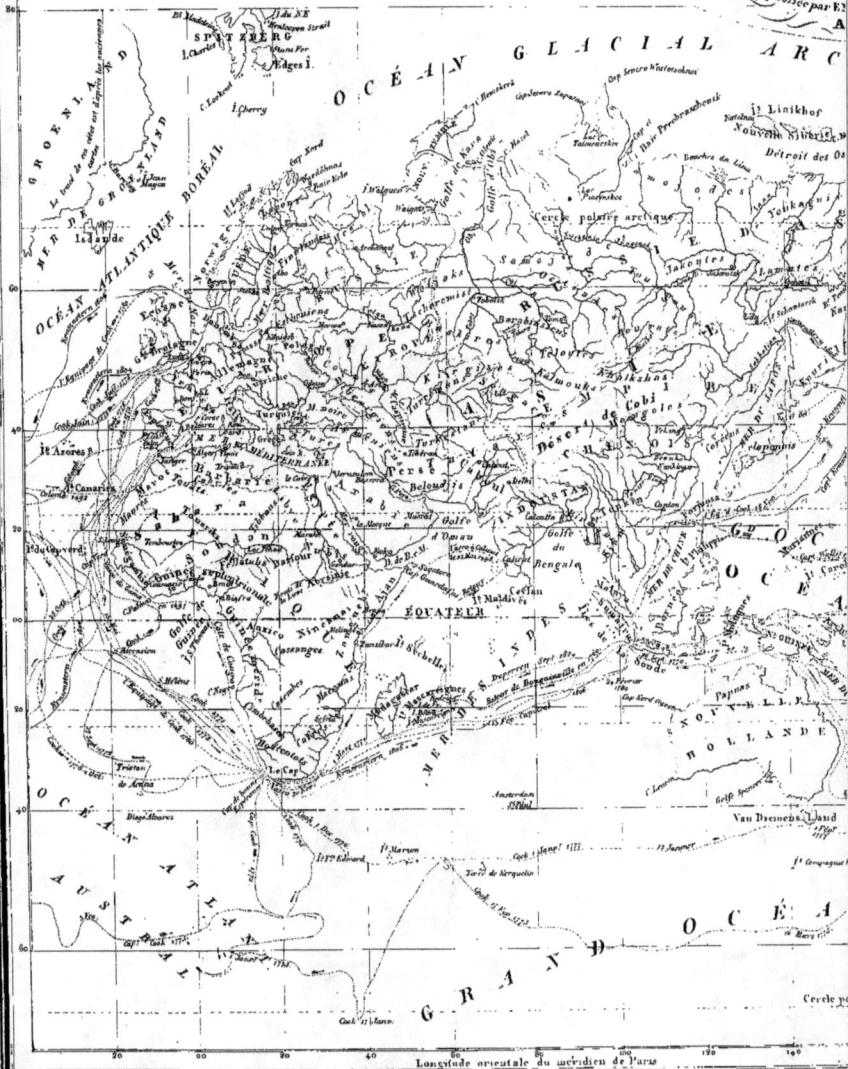

Gravée sous la Direction de l'Auteur.

ONDE
Mercator

couvertes et des voyages

riétés de l'espèce humaine,

LUMENBACH

On compte cinq Races principales d'hommes distinguées l'une de l'autre, savoir:

I. Variété originaire ou centrale de l'ancien Continent,
nommée généralement Race caucasienne.

Couleur plus ou moins blanche ou brune; les joues teintes d'incarnat; cheveux longs, bruns ou blonds; front plus ou moins vertical; face ovale; nez droit et alongé; bouche petite; les lèvres mollement tendues; menton plein et rond.

II. Variété orientale de l'ancien Continent, ou Race des Mongols.

Couleur jaune; cheveux noirs, roides, droits et peu fournis; la tête presque quadrangulaire; face large, plane et déprimée; le nez petit et camus; les joues globuleuses; l'ouverture des paupières étroite et linéaire; le menton pointu.

III. Variété américaine.

Couleur cuivrée; cheveux noirs, droits, roides et rares; front court; yeux enfoncés; le nez presque camus et cependant saillant.

IV. Variété des Terres océaniques ou Race Malaye.

Couleur basanée; cheveux noirs, nous, épais, abondans et frisés; la tête légèrement rétrécie; le front un peu bombé; nez gros, large et épaté; bouche grande, la mâchoire supérieure un peu avancée.

V. Variété Aethiopienne ou Race des Nègres.

Couleur noire; les cheveux noirs et crépus; la tête étroite; front convexe; bouté; les os de la pommette saillants en avant; les yeux à fleur de tête; nez gros et se confondant presque avec la mâchoire supérieure; les lèvres gonflées; le menton retiré; les jambes en général cambrées.

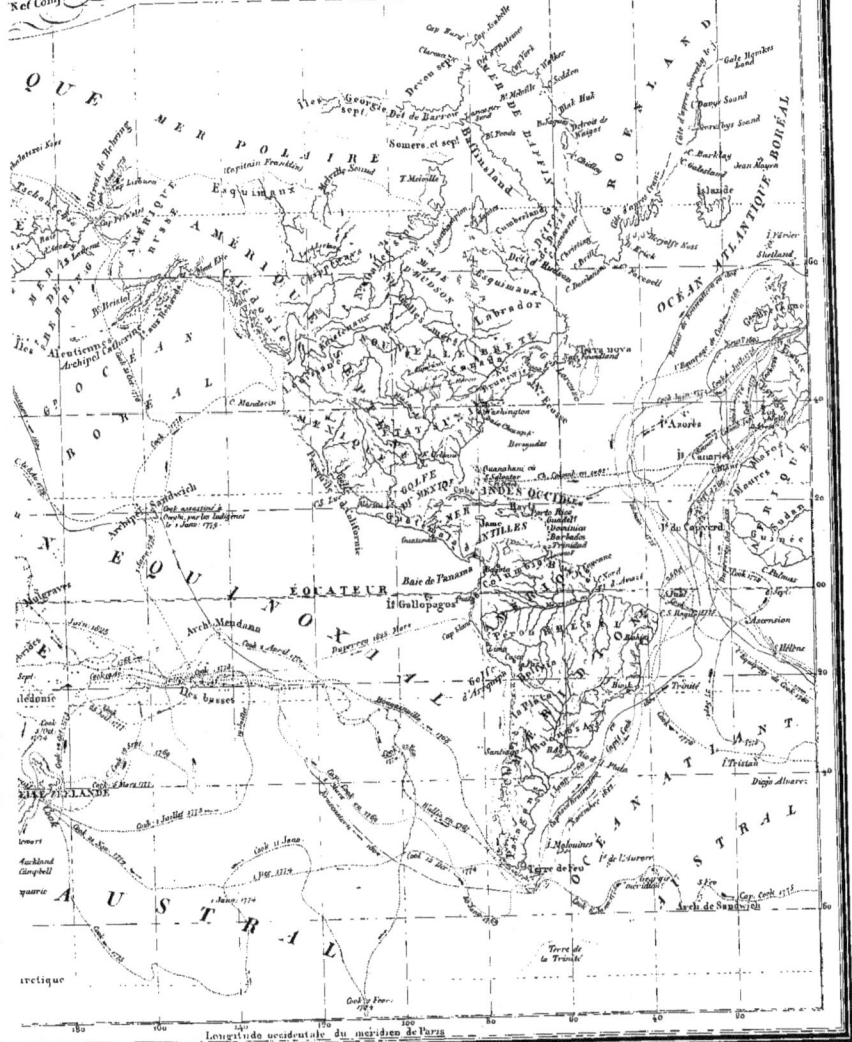

Lithographie de Engelmann et Comp.ie à Paris.

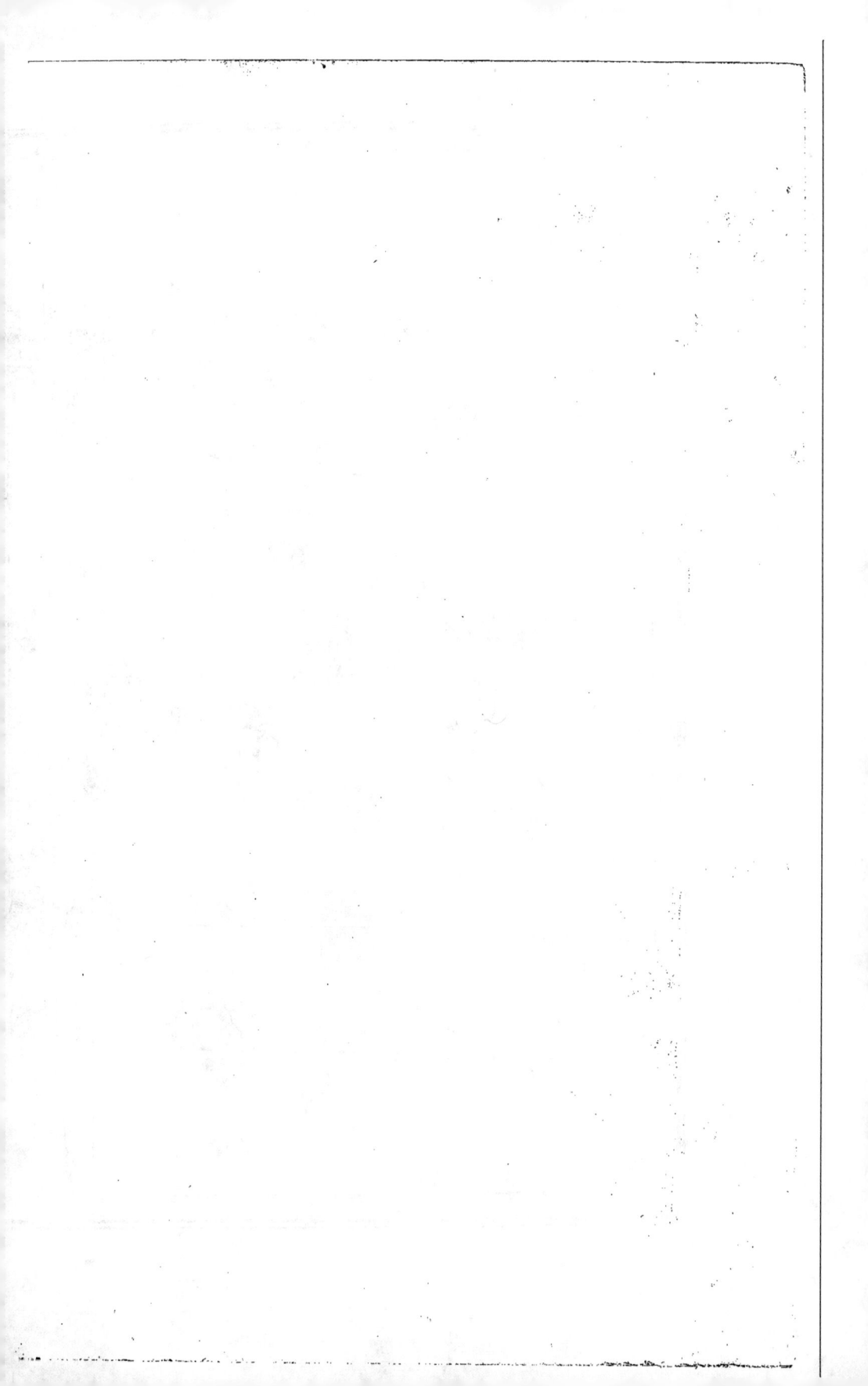

Atlas de G. HECK, N°12

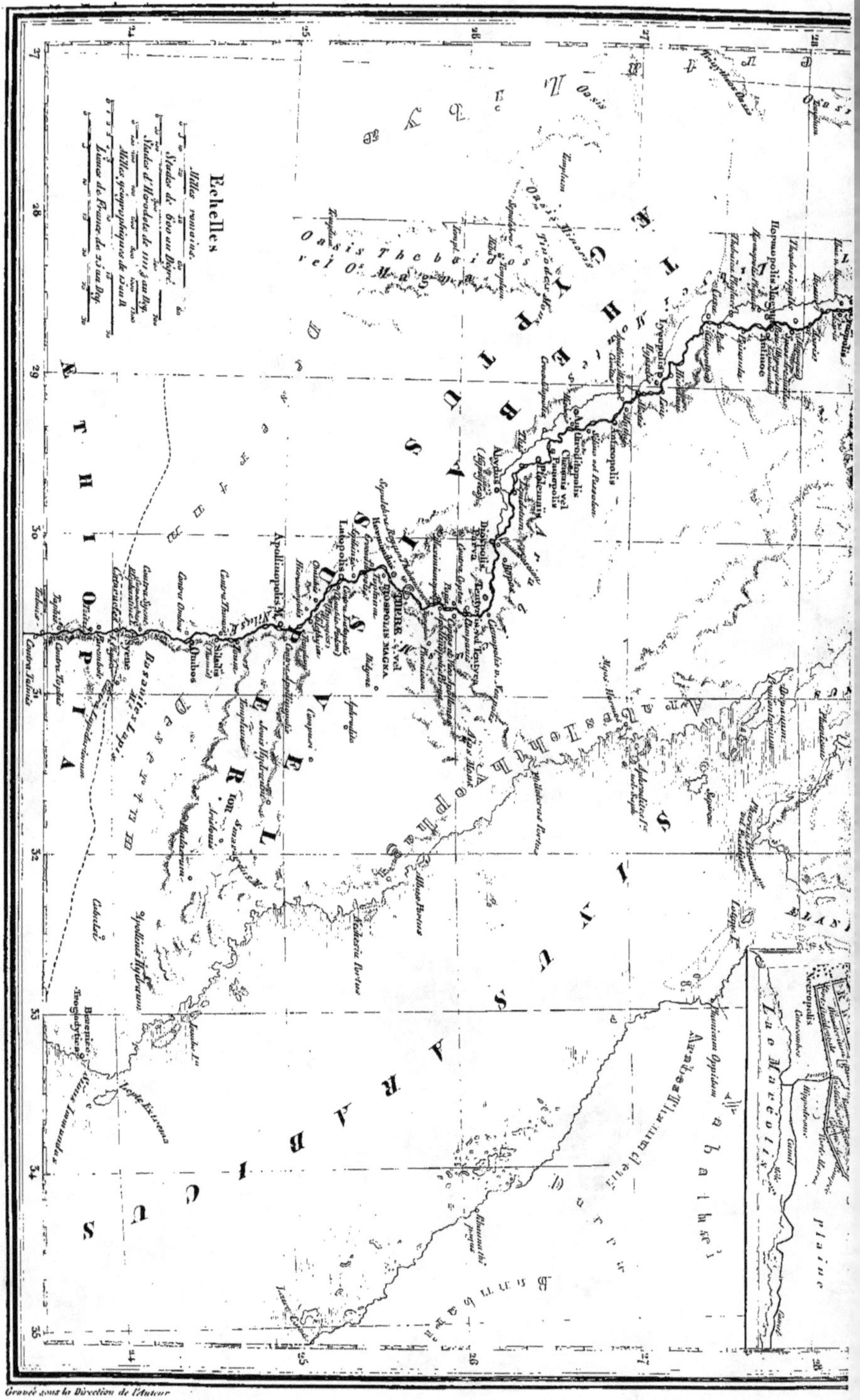

Gravé sous la Direction de l'Auteur

ÉGYPTE
et la
PALESTINE
ancienne

selon le partage des douze tribus.

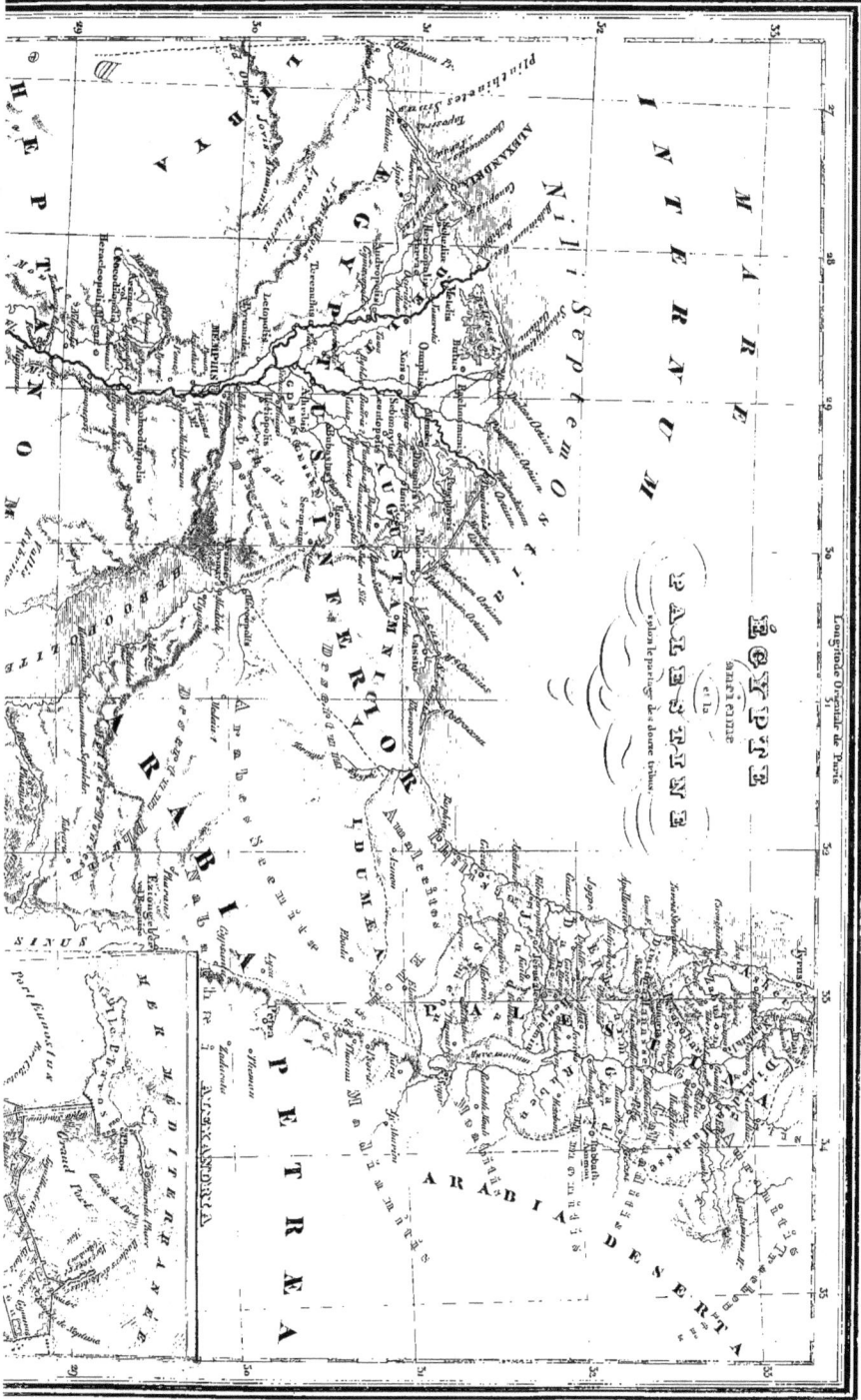

Longitude Orientale de Paris

MARE INTERNUM

Nili Septem Ostia

ÆGYPTUS INFERIOR

ARABIA PETRAEA

PALESTINA

ARABIA DESERTA

IDUMÆA

MARE MEDITERRANÆ

ALEXANDRIA

MEMPHIS

SINUS

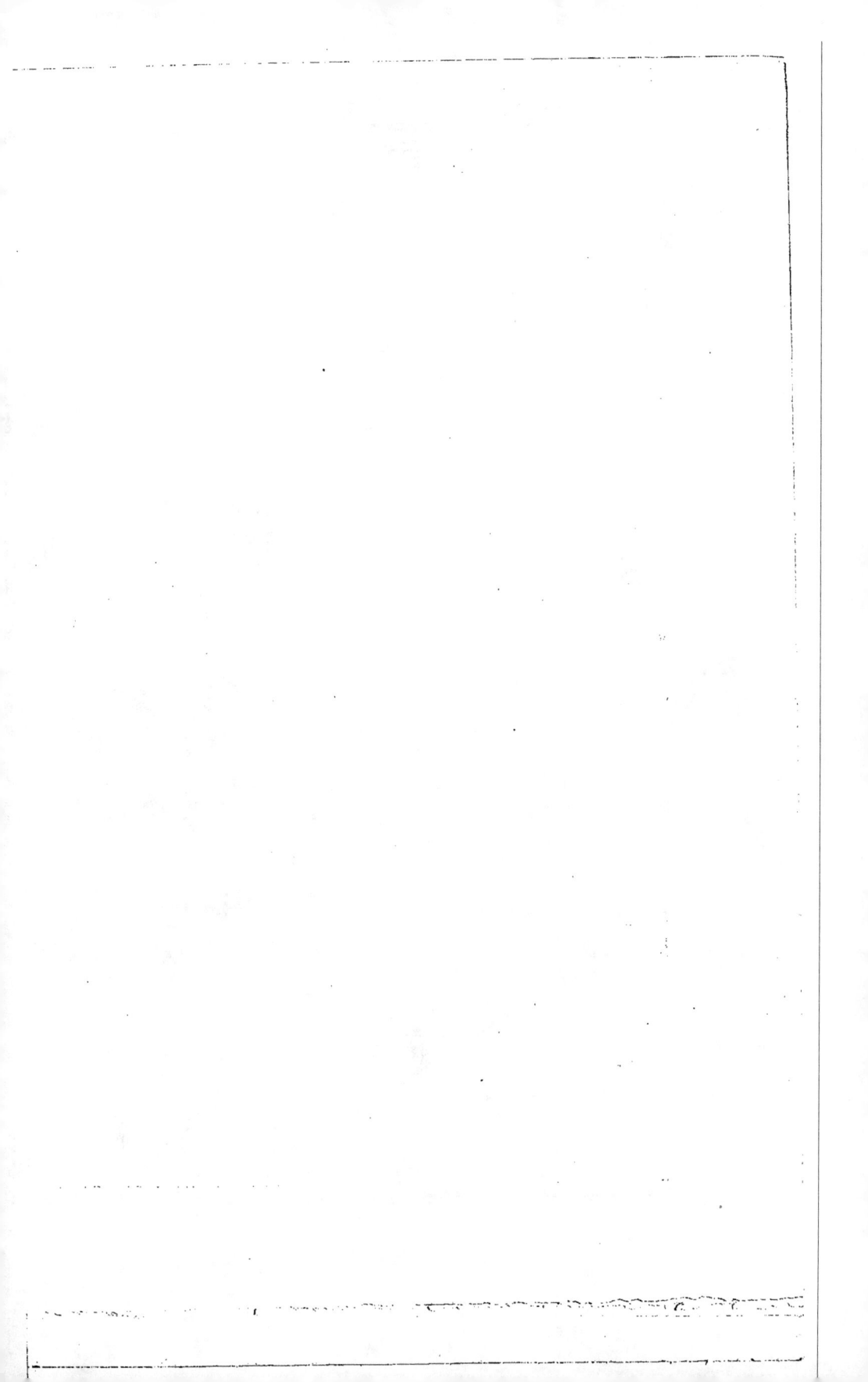

CARTE DE LA
GRÈCE MÉRIDIONALE
DE LA MACÉDOINE
et de la Thrace

Échelles

Compagnie de Route
Chemin de Fer Platée

Longitude Orientale de Paris.

M A R E   I O N I U M

PELOPONNESUS

M A R E   C R E T I C U M

MARE CARPATHIUM

MYRTOUM MARE

Locroicus Sinus

Taenarium P.

Cephallenia

Zacynthus

Crète

Naxos

Thera

Amorgos

Paros

Syros

Andros

Chios

Egythraeum

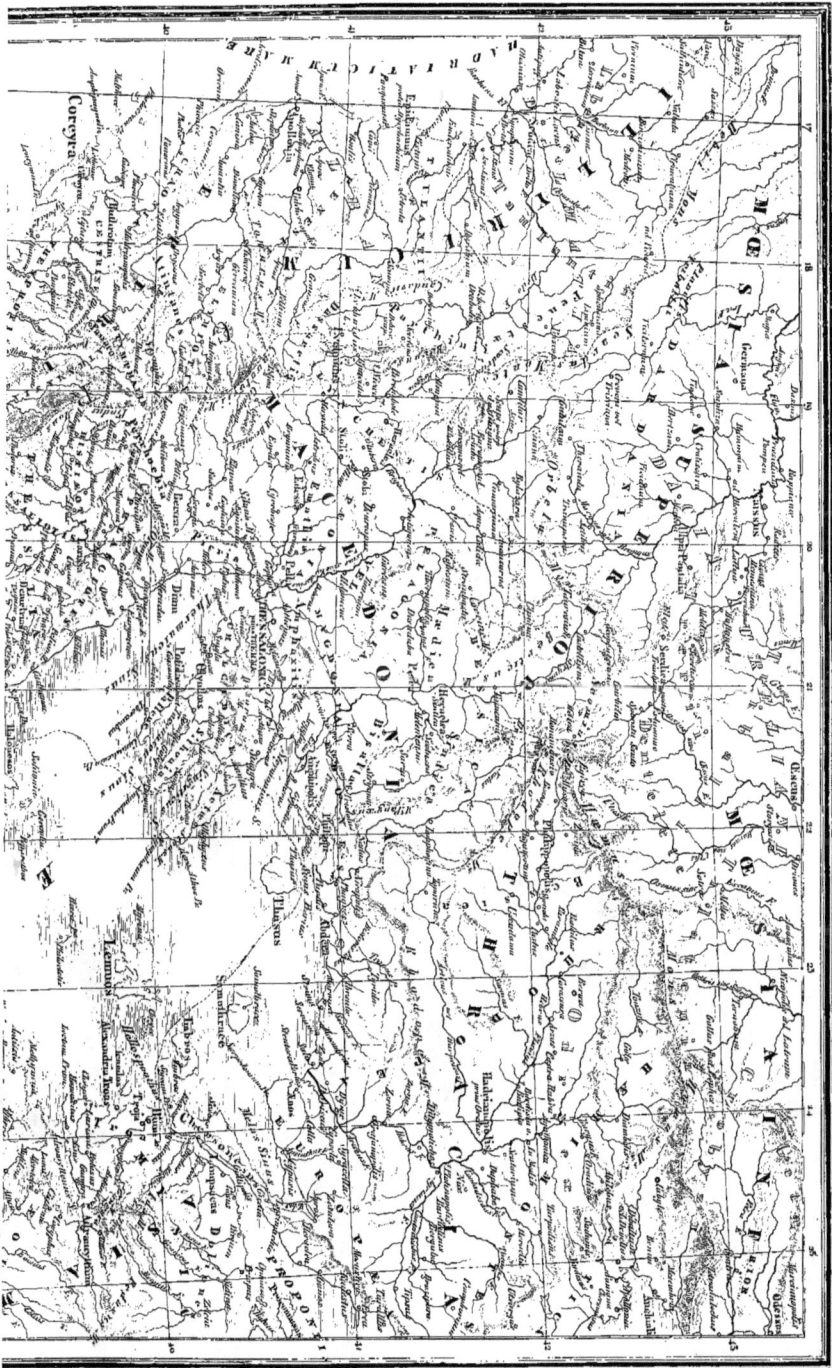

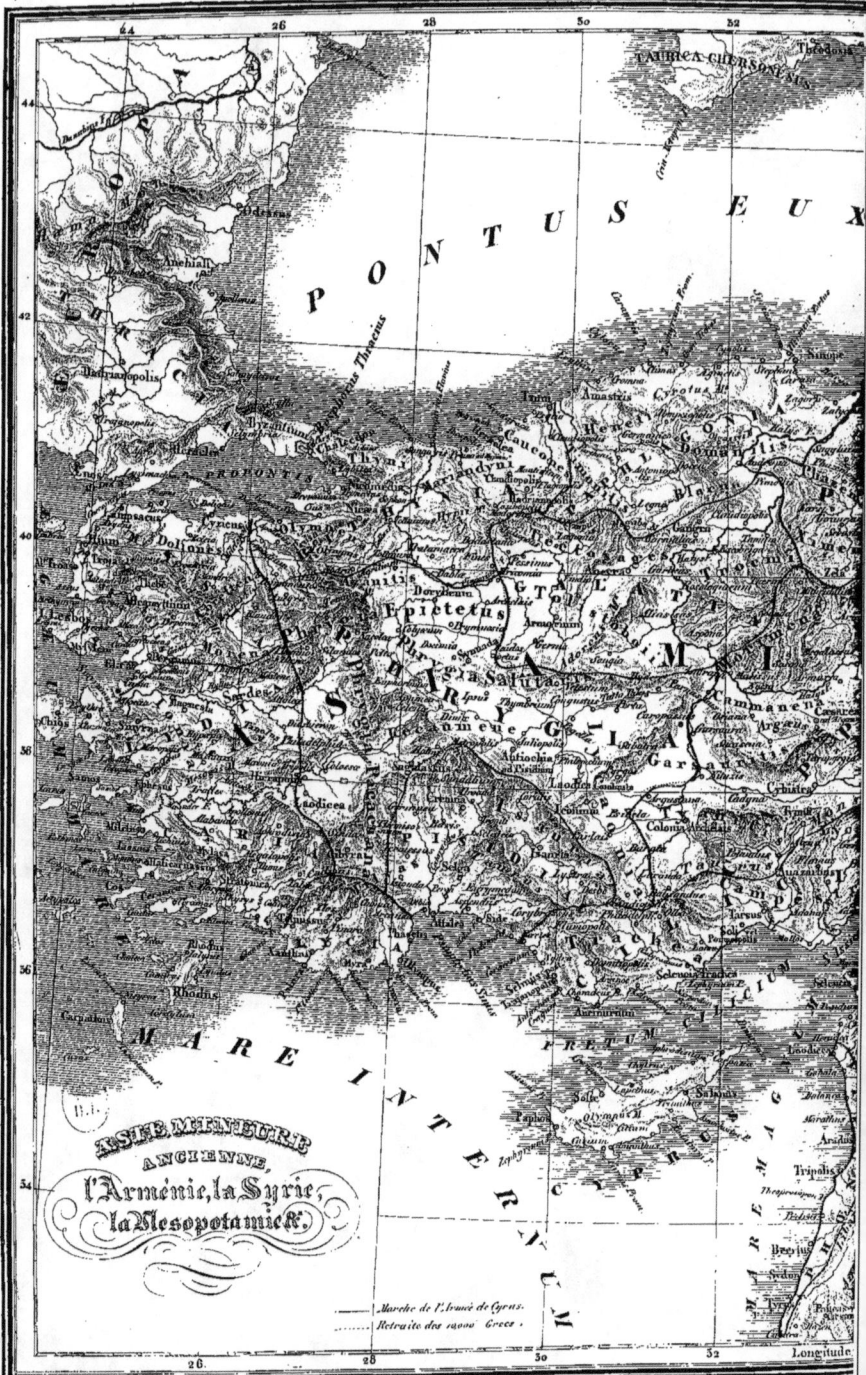

ASIE MINEURE ANCIENNE,
l'Arménie, la Syrie,
la Mesopotamie &c.

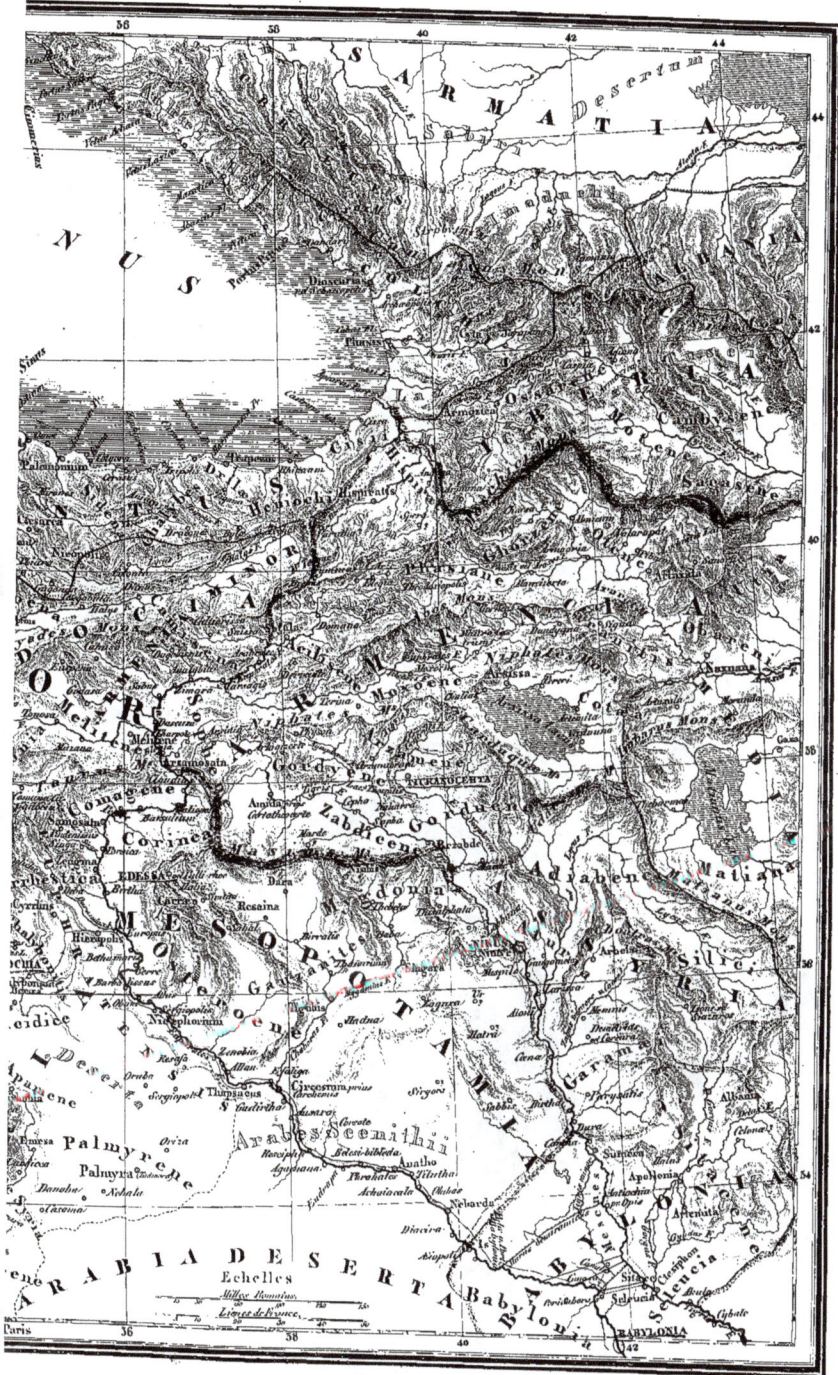

SARMATIA

Deserta

S A R M A T I A

NUS

ARMENIA

MEDIA

MESOPOTAMIA

ASSYRIA

Comagene
Corine
EDESSA
Carrhae
Resaina

Zabdicene

Adiabene

Palmyrene
Palmyra

Arabes scenithii

ARABIA DESERTA Babylonia

BABYLONIA

Seleucia
Ctesiphon

Echelles
Milles Romains
Lienes de France

Paris

GERMANI

Longitude 6

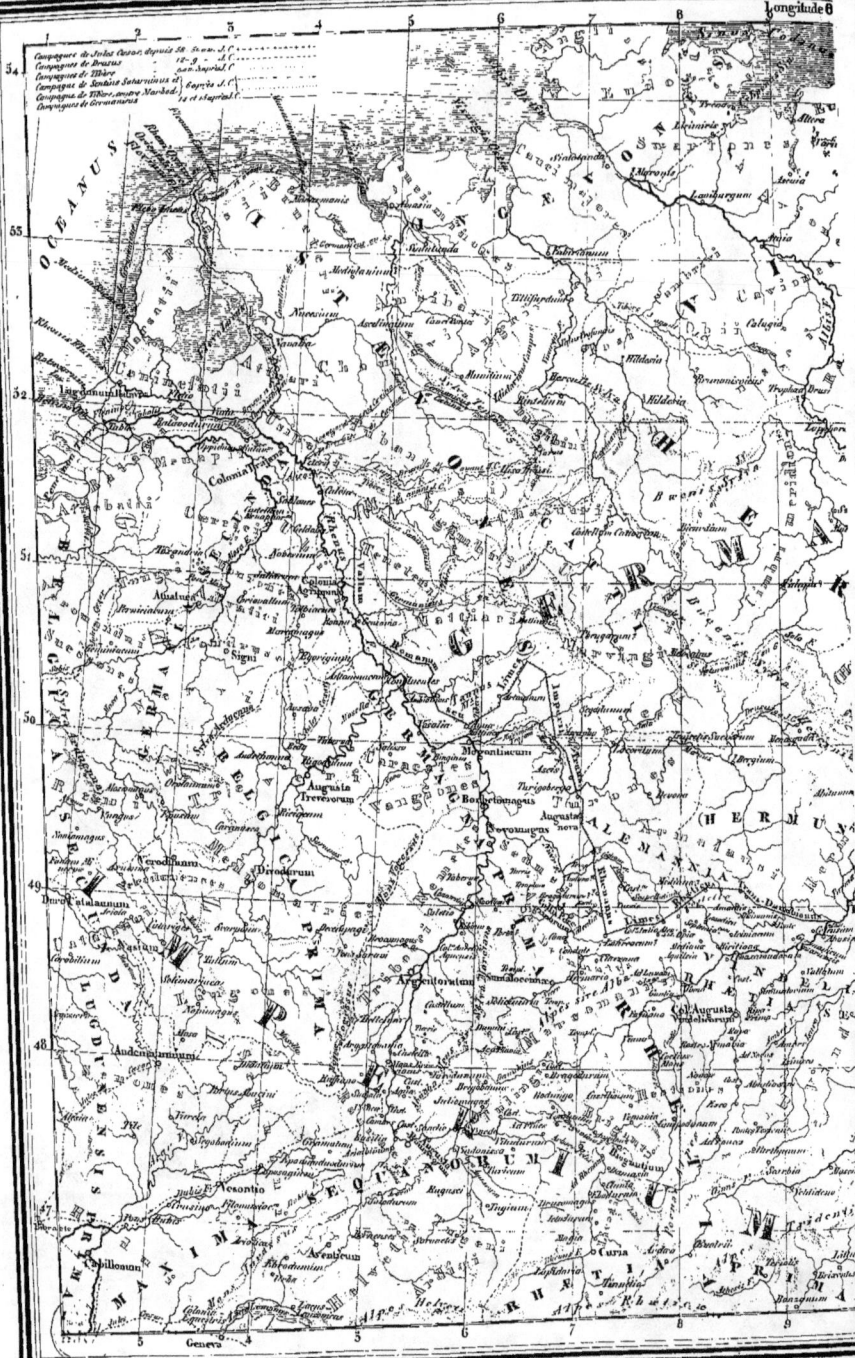

Gravé sous la Direction de l'Auteur

Milles Romains.

Dressée par J.G. Heck et l'

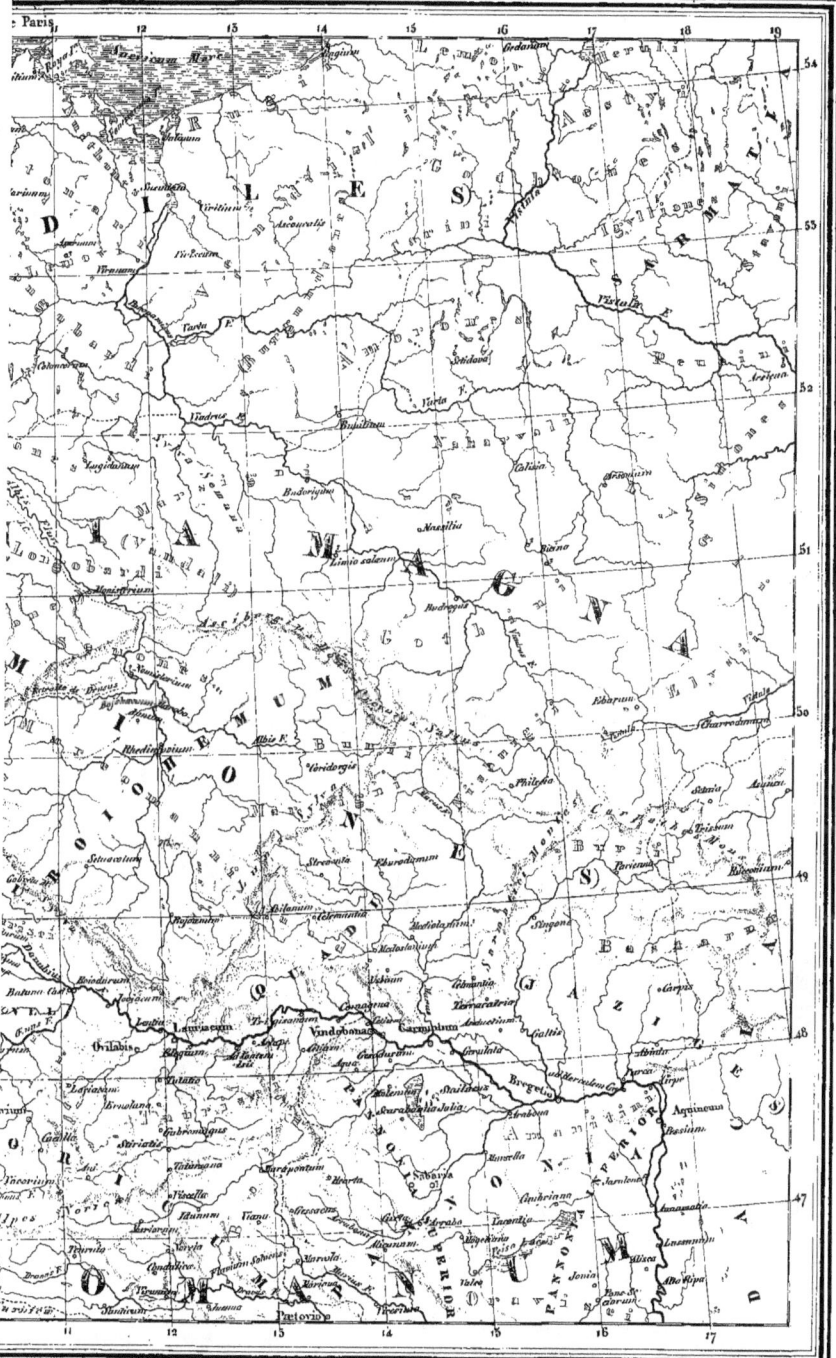

CARTE DE
et du théâtre de la guerre
(109

Les
ÉTATS CHRÉTIENS
de
L'ORIENT
fondés par les Latins
pendant
les Croisades.

ROYe DE CHYPRE

MER DE PHENICIE

TRIPOLI

D'ARABIE

OCÉAN

LA MANCHE

MER DU NORD

MER D'ALLEMAGNE

MER LIGUSTIQUE

Corse

Sardaigne

MER

MÉDITERRANÉE

AFRIQUE

ROYme DE TREMECEN
(des Zianiens)

ROYme DE MAROC

DE LIBYE

TRIPOLI

Tracé des principales Croisades.

Légende du Plan.

Échelles.

Gravé sous la Direction de l'Auteur.

Royaume
de
JÉRUSALEM
fondé en 1099.

MER MÉDITERRANÉE

Césarée

Hébron

Naplouse

Juppé ou Joffa

JÉRUSALEM

Bethléem

Gaza

DUCHÉ

PRUSSE

Moscou

Kiova

Kazan

MER NOIRE
OU PONT EUXIN

Constantinople

MER CASPIENNE

GÉORGIE

ASIE MINEURE

MER DE CANDIE

BOUCHES DU NIL

Alexandrie

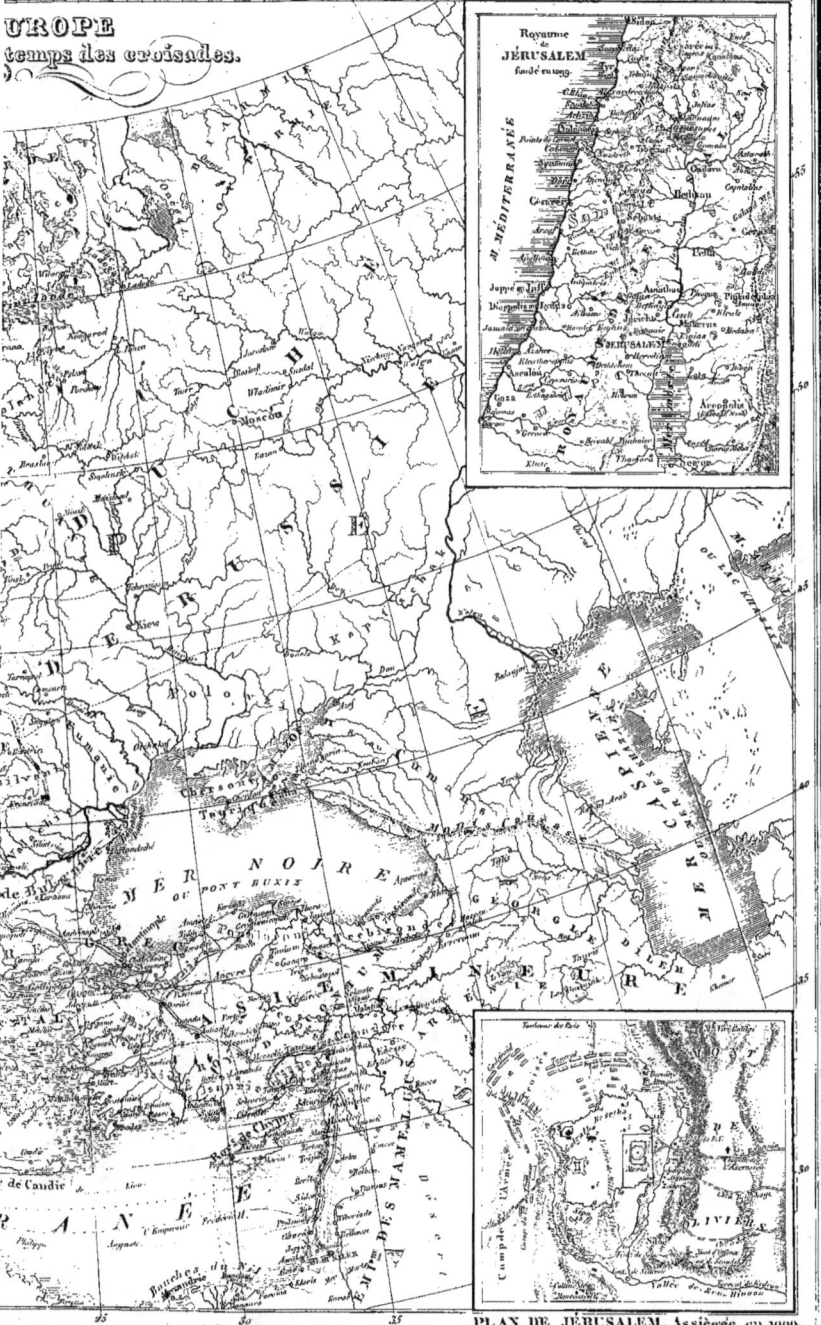

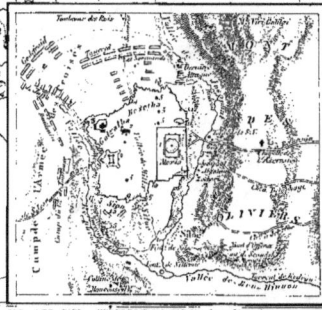

PLAN DE JÉRUSALEM, Assiégée en 1099.

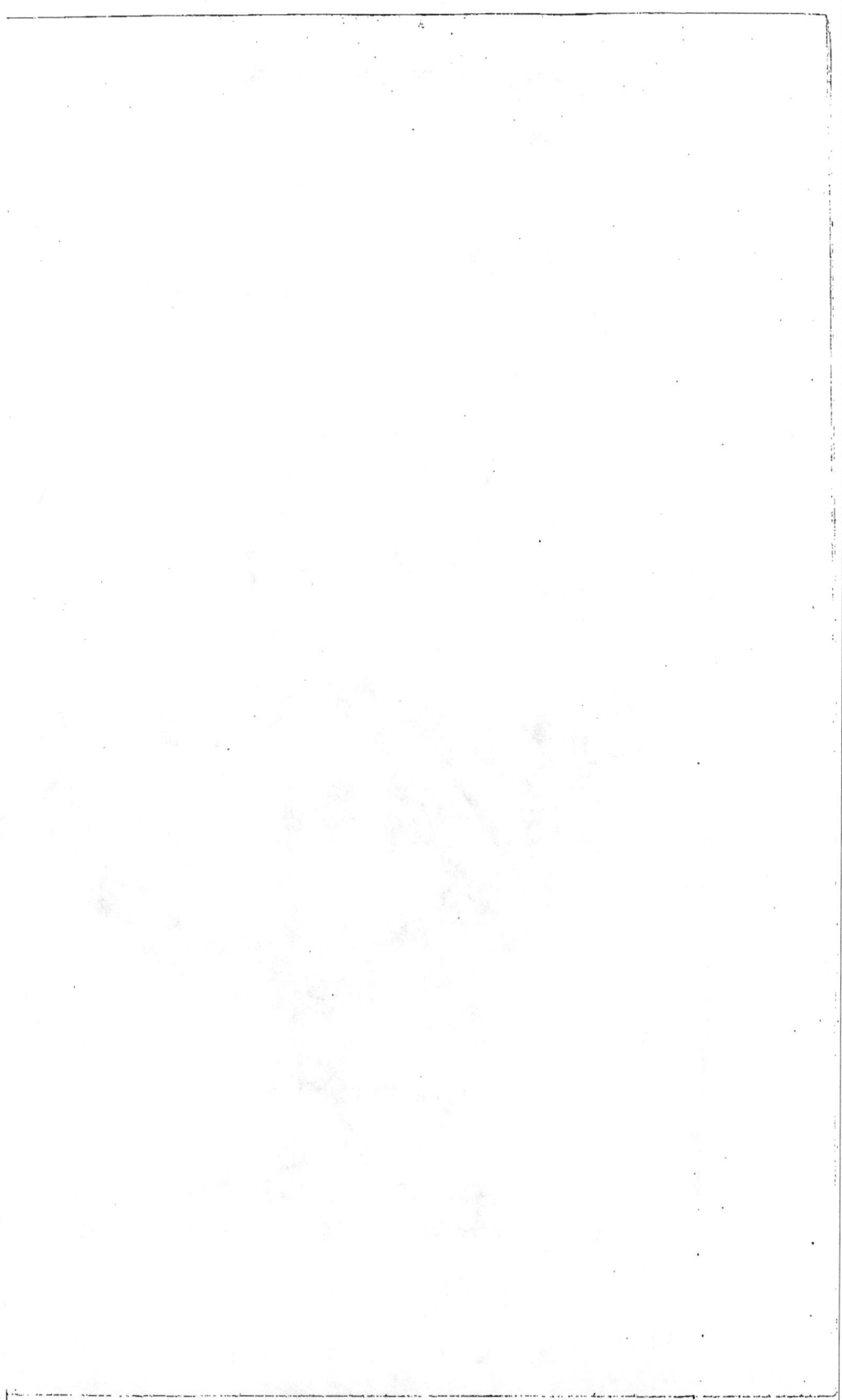

SYSTÈMES

de Ptolémée

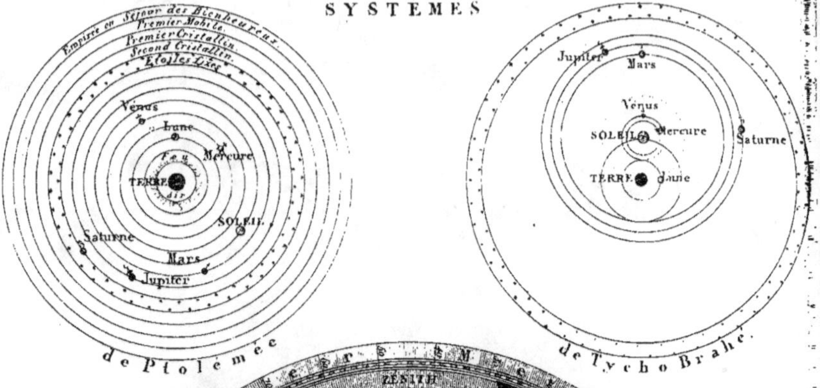

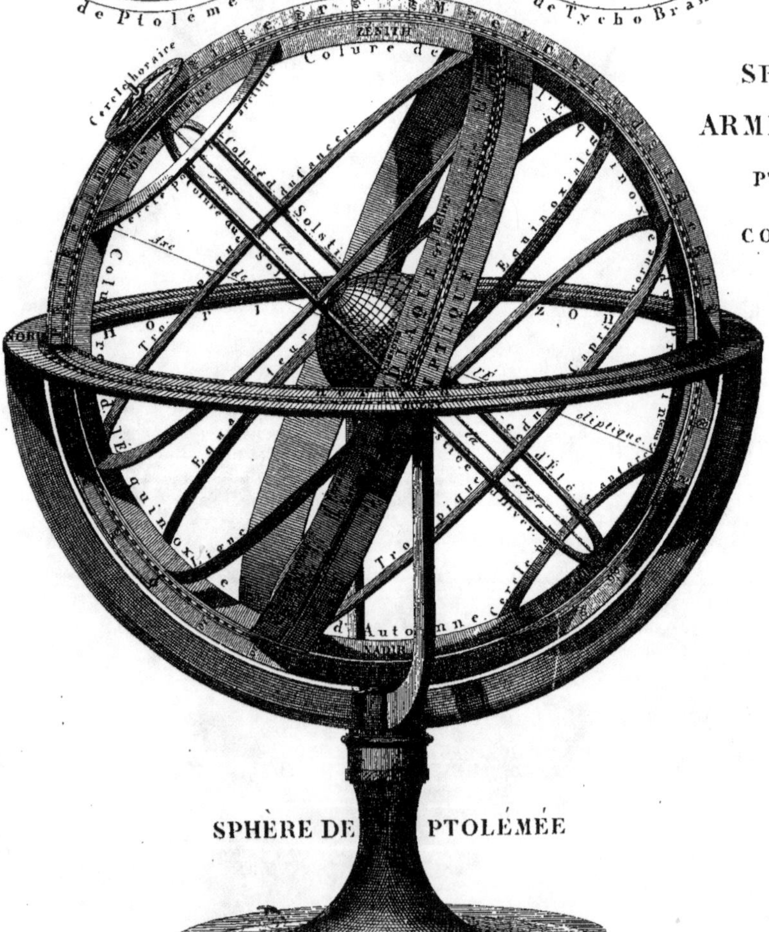

de Tycho Brahé

SPH
ARMIL
PTO
COP

SPHÈRE DE PTOLÉMÉE

DU MONDE

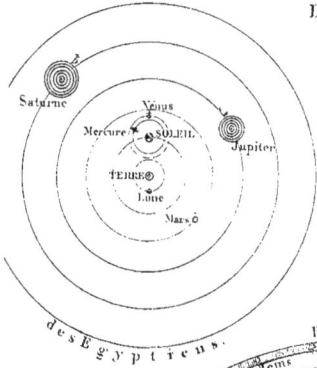

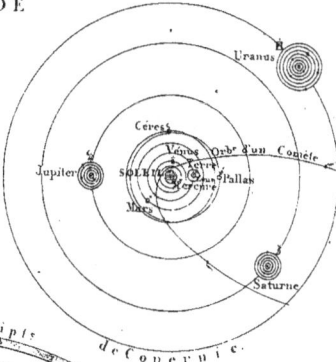

desÉgyptiens.

de Copernic.

Pôle de l'Ecliptc

Etoiles fixes

Colure de l'Equinoxe du Printems

Orbe d'Uranus

Orbe de Saturne

Orbe de Jupiter

Orbe de Junon

Orbe de Vesta

Orbe de Cérès

Orbe de Pallas

Orbe de la Terre

Orbe de Mars

Equateur ou X

Etoiles fixes

Colure de l'Equinoxe d'Automne

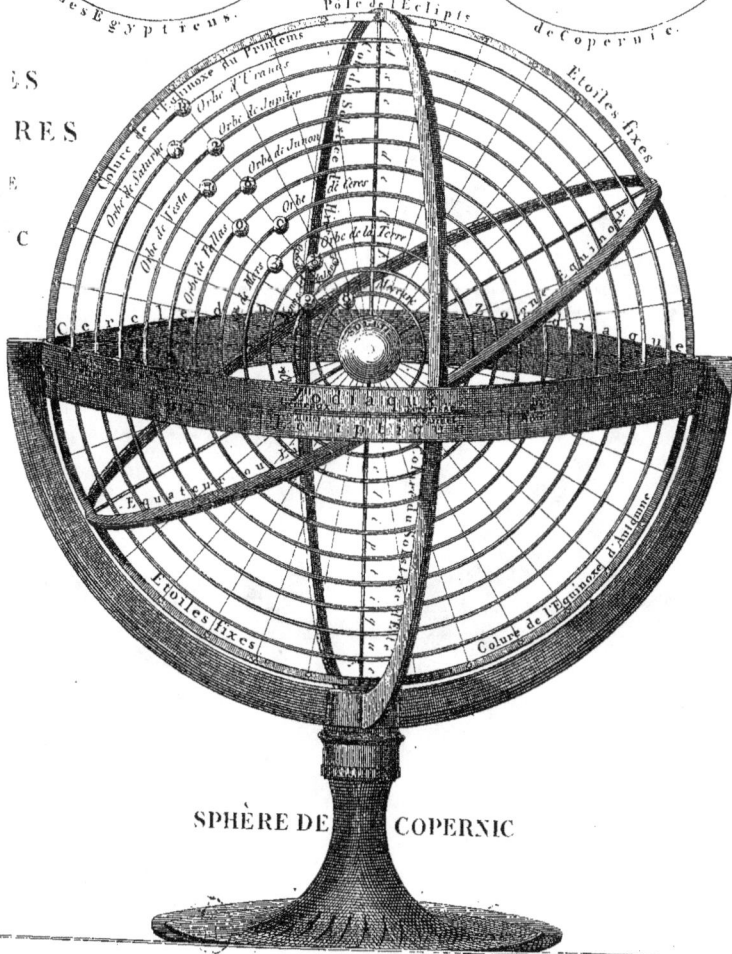

SPHÈRE DE COPERNIC

Im. de Lemercier Benard et C.

Cercle Polaire Arctique

Système
hydrographique et orographique
D'EUROPE,
représentant la division naturelle des
Bassins maritimes et fluviaux,
PAR
J. G. HECK
Publié
par **Engelmann** et C.ie
à Paris
1832

55.° Degré de Latitude Septentrionale. Limite des

Latitude Septentrionale. Limite de

45.° Degré de Latitude Septentrionale. Limite

Olives, Oranges et Citrons, Soie,

Miel, Parfums,

Explication de quelques Signes.

Ligne côtière, limitation et géné- | Limite périmétrique, formée par | Limite des Bassins fluviaux du 4.° et 8.° degré.
rale du Partage des Eaux entre les | les lignes de faîte, des Bassins | Le Mont St. Gothard, qui forme le nœud
deux versants du N. O. et S. E. | maritimes du 21 et 55 Degré. | principal du Massif Alpique.

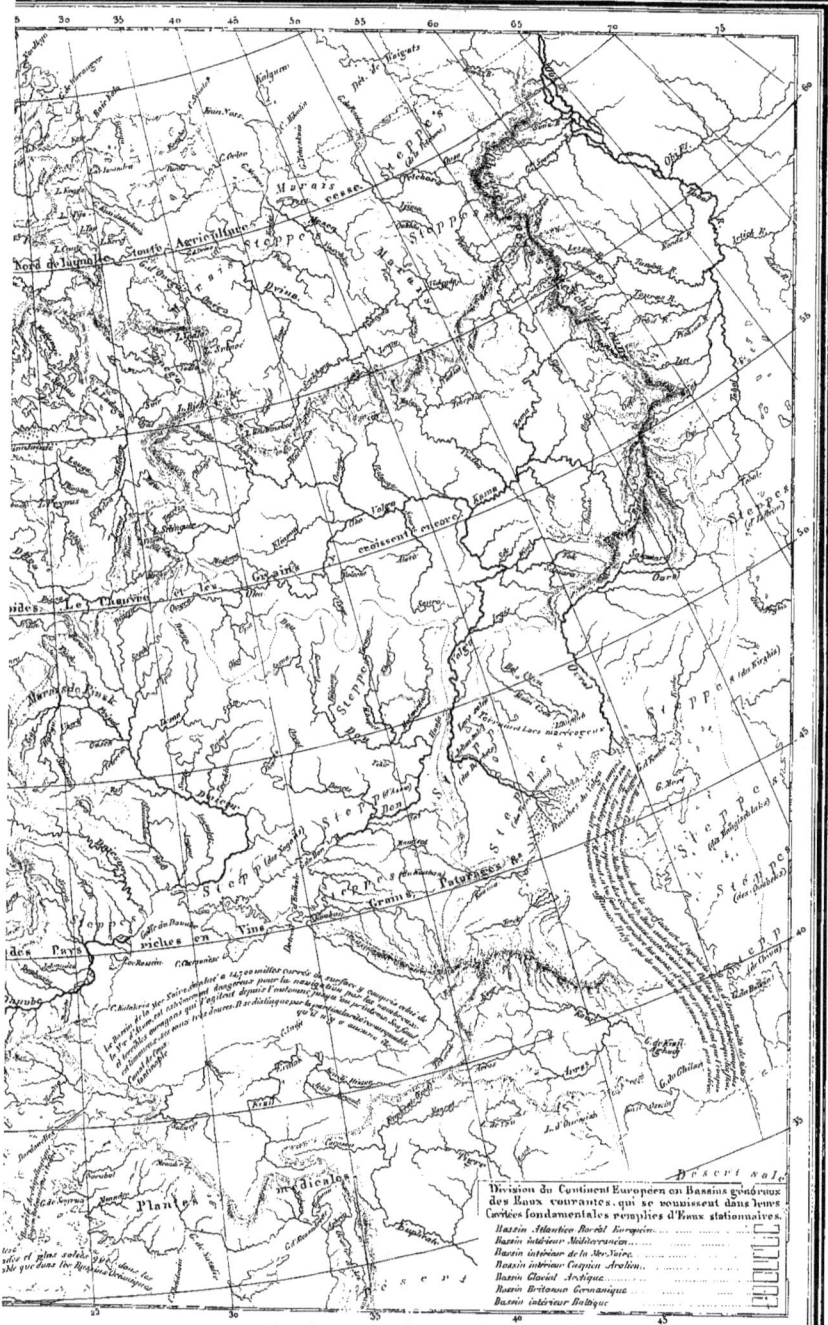

Division du Continent Européen en Bassins généraux
des Eaux courantes, qui se réunissent dans leurs
Cavités fondamentales remplies d'Eaux stationnaires.

Bassin Atlantico-Boréal Européen..................
Bassin intérieur Méditerranéen..................
Bassin intérieur de la Mer Noire..................
Bassin intérieur Caspien Aralien..................
Bassin Glacial Arctique..................
Bassin Britannie Germanique..................
Bassin intérieur Baltique..................

Lithographie de Engelmann & C.ᶦᵉ à Paris.

Longitude Occ.

OCÉAN

ATLANTIQUE

GALICE

LÉON

CASTILLE

ASTURIES

TRAS OS MONTES

BRAGA

BRAGANÇA

O Porto

Lamego

BEIRA

Ciudad Rodrigo

SALAMANCA

COIMBRA

MADRID

TOLEDO

ESTREMADURE

ALEMTEJO

Santarem

LISBOA

Setubal

EVORA

BADAJOS

Merida

Campo Mayor

Elvas

CIUDAD REAL

ALGARVE

SILVES

SEVILLA

ANDALOUSIE

MURCIE

JAEN

Cadix

Isla de Leon

Estrecho (Détroit) de Gibraltar

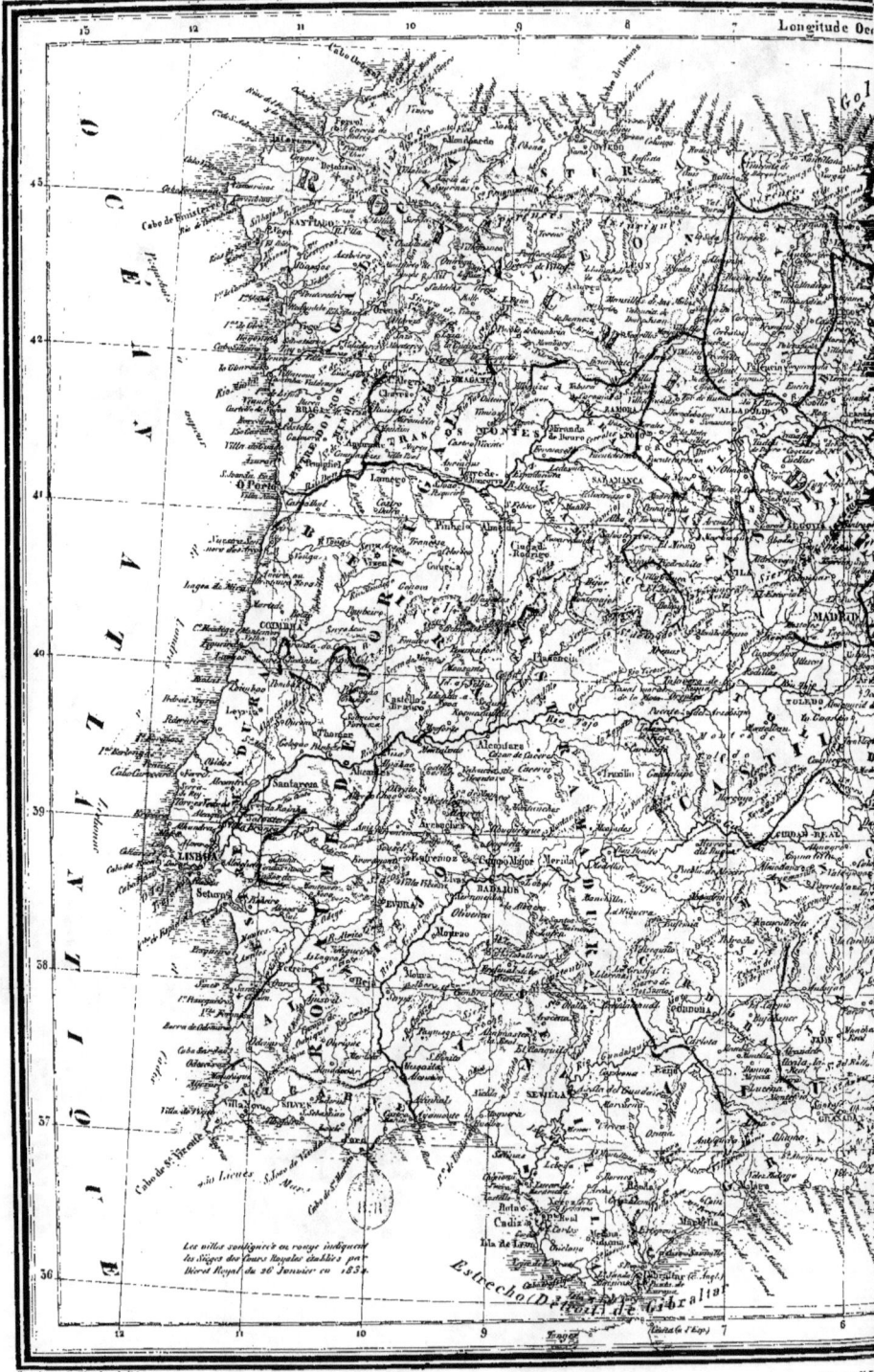

Les villes soulignées en rouge indiquent
les Siéges des Cours Royales établies par
Décret Royal du 26 Janvier en 1834.

Lieues de France de 25 au Degré

Gravé sous la Direction de l'Auteur

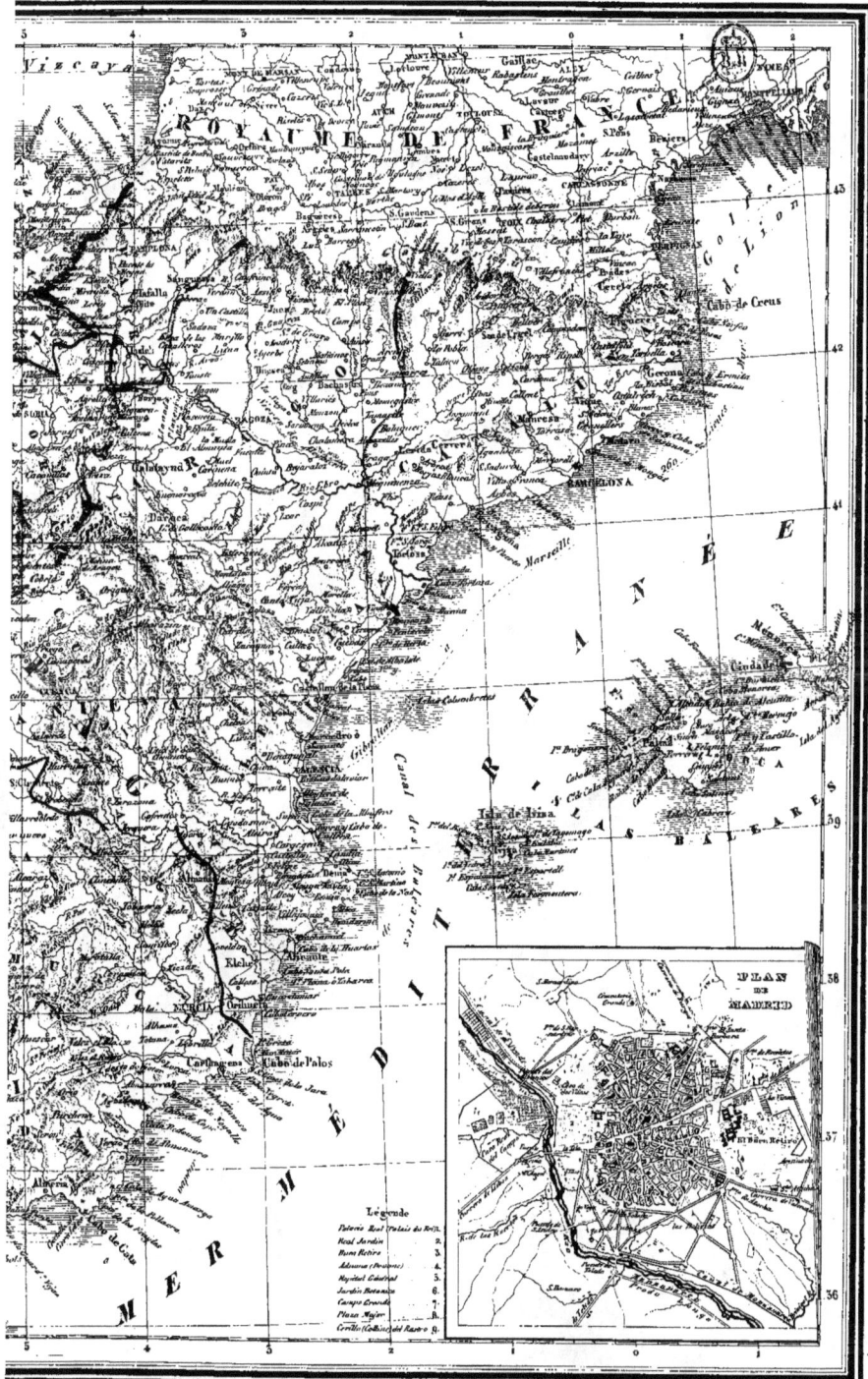

VIZCAYA

ROYAUME DE FRANCE

MER MÉDITERRANÉE

ILES BALEARES

Golfe du Lion

Cabo de Creus

PAMPELONA

Isla de Ivisa

Isla de Formentera

Cabo de Palos

Cartagena

Elche

MURCIA

Orihuela

Canal de Palos

Gibraltar

PLAN DE MADRID

Legende
Palacio Real (Palais du Roi) . . . 1.
Real Jardin . . . 2.
Buen Retiro . . . 3.
Aduanas (Douanes) . . . 4.
Hospital General . . . 5.
Jardin Botanico . . . 6.
Campo Grande . . . 7.
Plaza Major . . . 8.
Corillo (Collina) del Rastro . . . 9.

El Buen Retiro

Lignes Marines de 20 au Degré

Dict.ᵉ géogr.ᵉ Nᵒ 45.

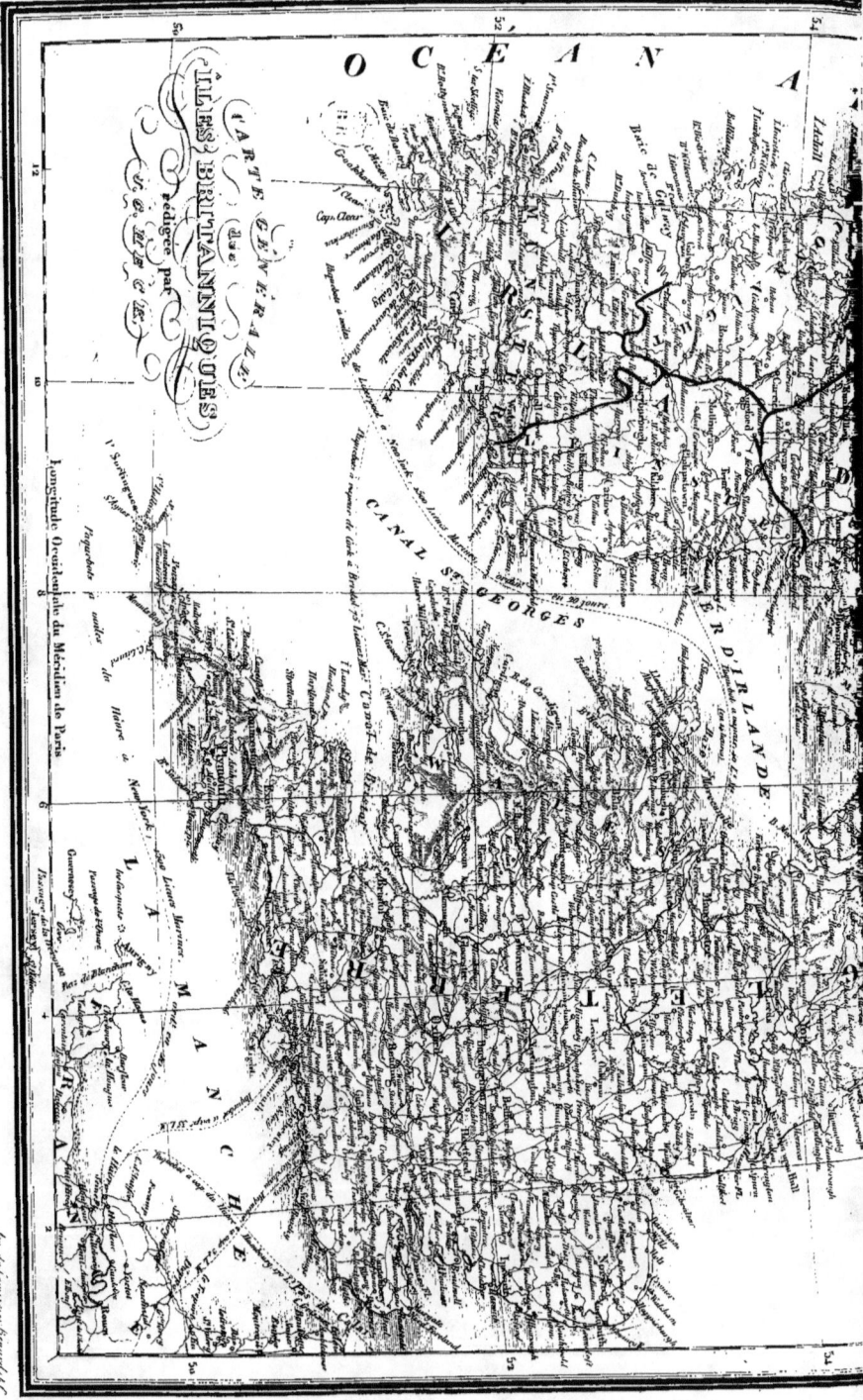

CARTE GÉNÉRALE
des
ÎLES BRITANNIQUES
rédigée par
V. C. L. É. C. Q.

O C É A N

CANAL ST GEORGES

MER D'IRLANDE

L A   M A N C H E

Longitude Occidentale du Méridien de Paris

ANTIQUE

56   58

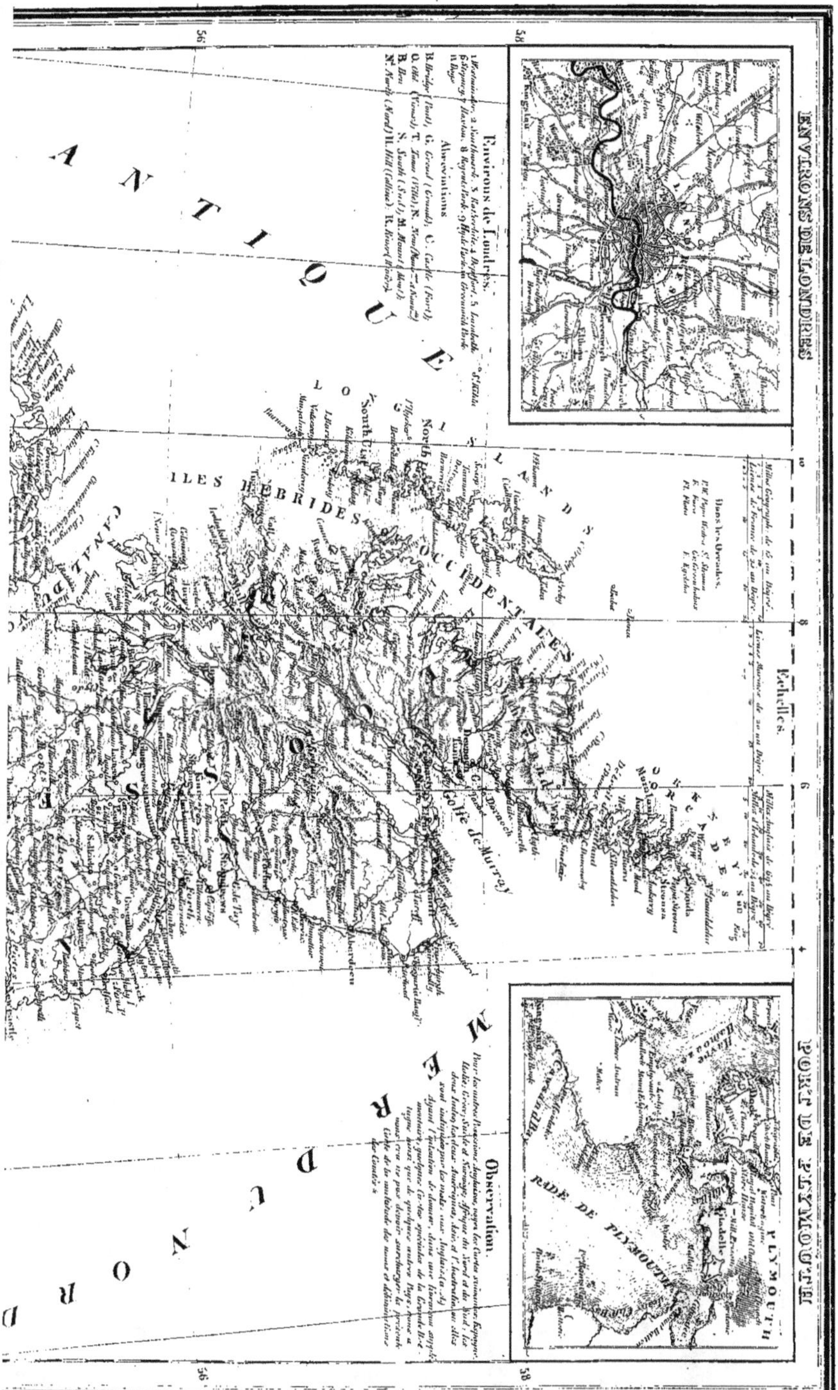

ENVIRONS DE LONDRES

Environs de Londres.

Abréviations.

Echelles.

CALÉDONIE

ILES HÉBRIDES OCCIDENTALES

Golfe de Murray

ÉCOSSE

ORCADES

MER DU NORD

Observation.

PORT DE PLYMOUTH

PLYMOUTH

RADE DE PLYMOUTH

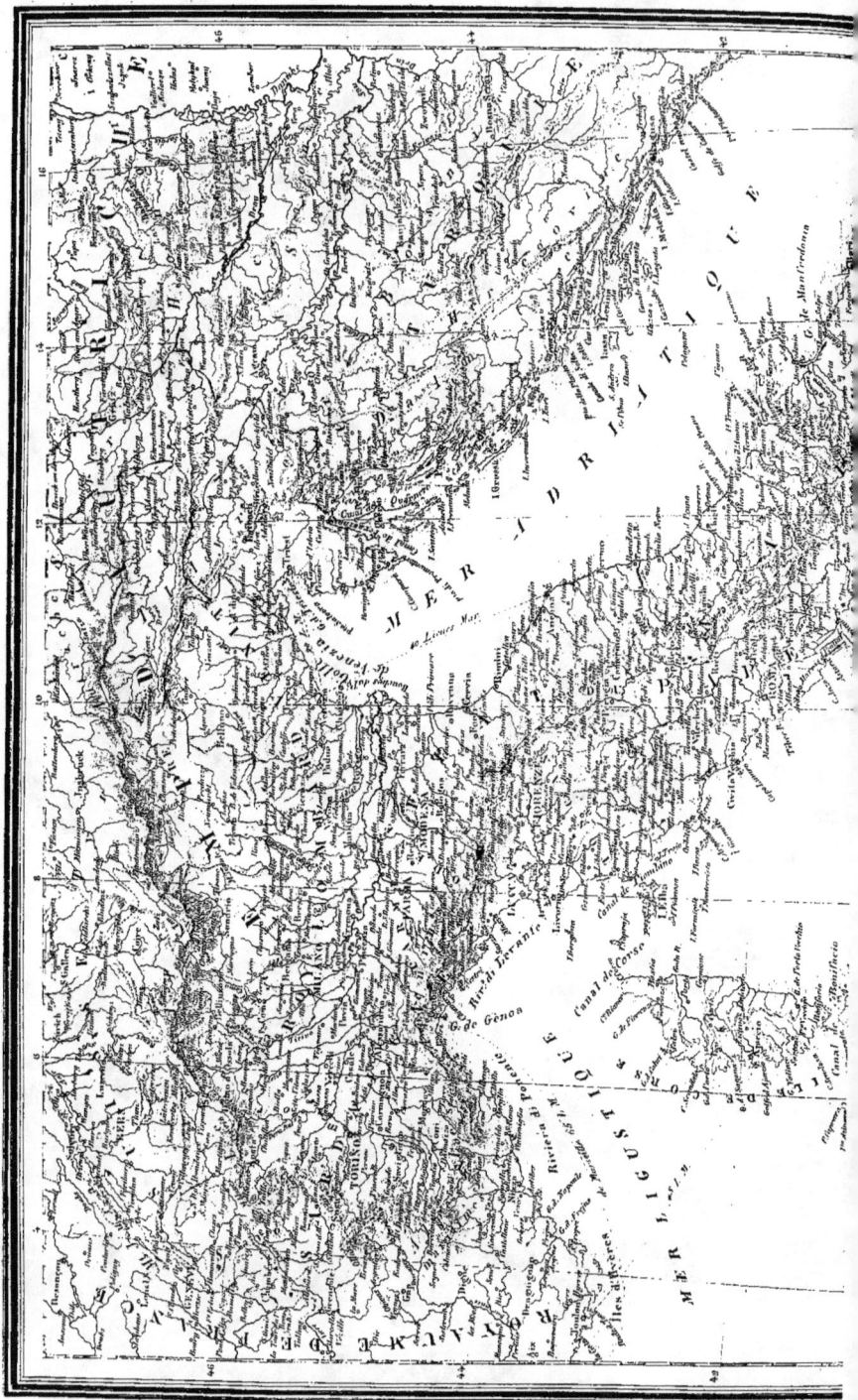

MER ADRIATIQUE

MER MÉDITERRANÉE

MER LIGUSTIQUE

ROYAUME DE

MER IONIENNE

Golfe de Taranto

CARTE GÉNÉRALE DE L'ITALIE et d'une partie de la MONARCHIE AUTRICHIENNE

MER TYRRHÉNIENNE

Faro di Messina

Îles Lipari

Canal de Malte

MER MÉDITERRANÉE

de Constantinople à Marseille

LÉGENDE DU PLAN

1. Obélisque et Église de St Pierre
2. Église de St Marie Majeure
3. de St Marie des Anges (par. Romain)
4. St Giovanni in Laterano
5. la Scala Santa
6. la Grotta (Ponte des)
7. la Bocca della Fèvre
8. la Bocca di Pia
9. le Campo Vaccino (Forum)
10. Palais de Quirinal
11. du Vatican
12. du Musée (capitol)

13. Palais Barberini
14. Sforza
15. Matteia
16. Albani
17. Spada
18. Corsini
19. Giraud
20. Borghèse
21. Rospigliosi
22. de l'Inquisition
23. Sciarra Rospoli
24. Villa Barberini

Ruines.
1. Thermes de Dioclétien
2. d'Antonin
3. Colisées
4. Colonne de Trajan
5. Cabinet d'Auxelius
6. Arc de Titus
7. Arc de Sept. Sévère
8. Arc de Gallien
9. Arc de Constantin
10. Mausolée d'Auguste
11. Pyramide de Cestius
12. Tombeau des Scipions

ISOLA DI MALTA

PLAN DE ROME

Mte Gianicolo

Provinces de Naples.
1. Terre di Lavoro — Naples. 2. Abruzzo Ultério prima. 3. Abruzzo Ultério seconda.
4. Abruzzo Citério — 5. Molise. 6. Principato. 7. Principato Citério.
8. Terra di Bari. 10. Terra di Otranto. 11. Basilicata. 12. Calabria Ultério prima. 13. Calabria Ultério seconda.

MER MÉDITERRANÉE

SARDAIGNE

Cagliari

Note. Les indivendant de la Sicile portent le nom de leur Chef-lieu.

Lieues Marines de 20 au Degré

Milles Géographiques de 60 au Degré

Imp. de Lemercier Benard et C.

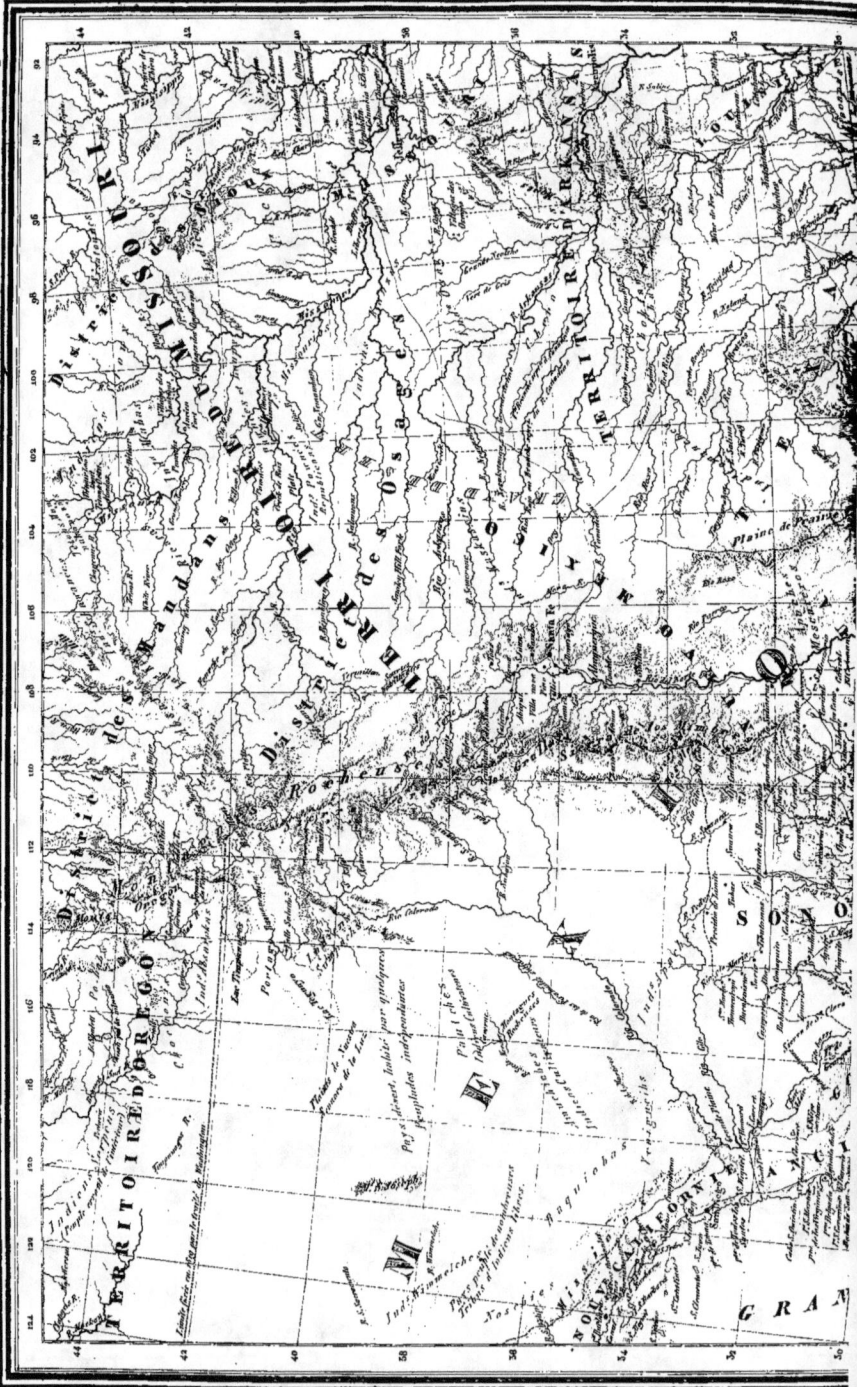

TERRITOIRE DU MISSOURI

District des Mandans

District des Osages

TERRITOIRE DE L'ARKANSAS

District des Rocheuses

TERRITOIRE DE L'ORÉGON

Montagnes Rocheuses

TERRITOIRE INDIEN

NOUVEAU MEXIQUE

NOUVELLE CALIFORNIE

SONORA

GRAND

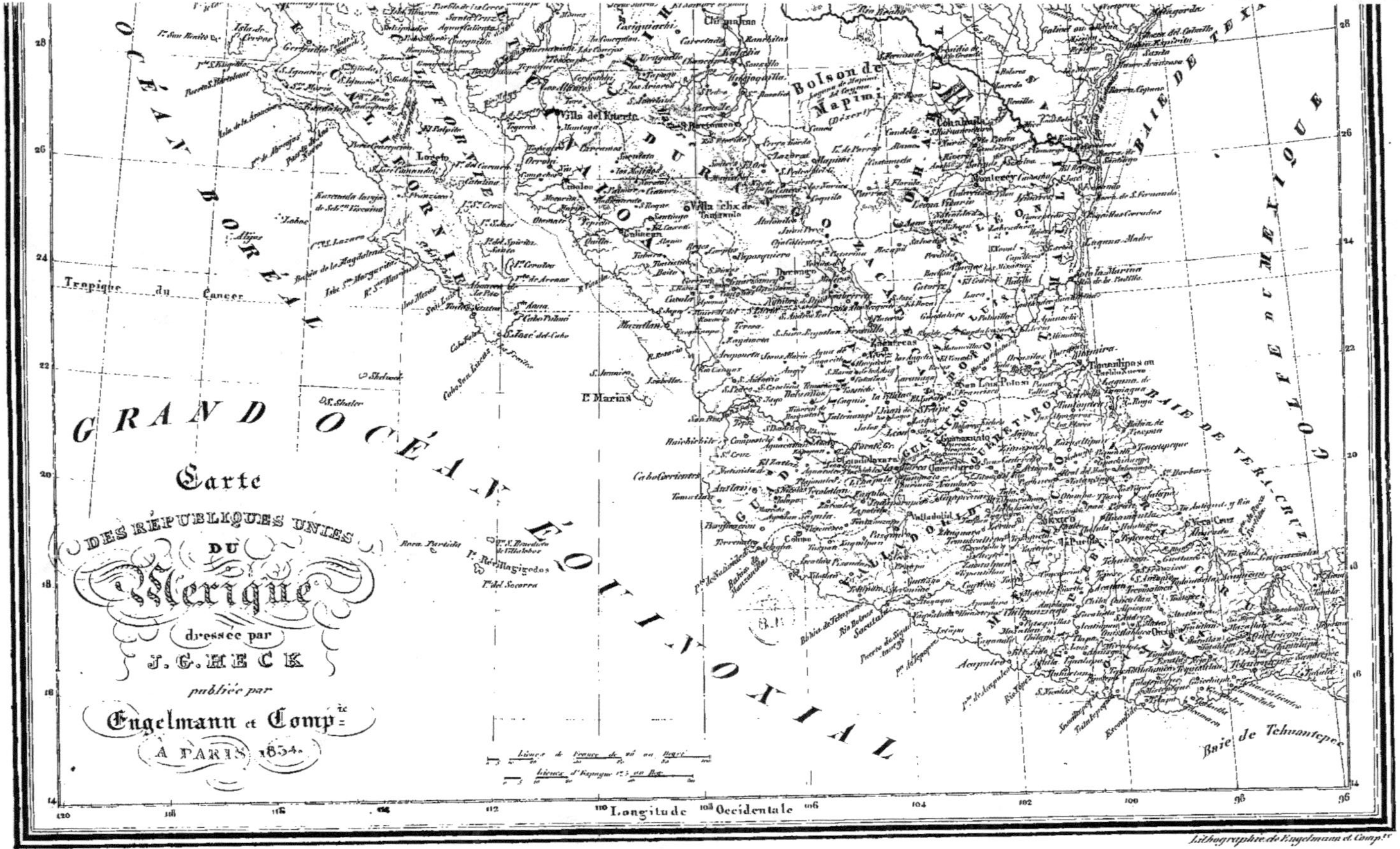

Carte
DES RÉPUBLIQUES UNIES
DU
Mexique
dressée par
J. G. HECK
publiée par
Engelmann et Compie
A PARIS 1834.
GRAND OCÉAN ÉQUINOXIAL
OCÉAN BORÉAL
GOLFE DU MEXIQUE
BAIE DE VERA-CRUZ
Baie de Tehuantepec
Tropique du Cancer
Longitude Occidentale

Gravé sous la Direction de l'Auteur

Lithographie de Engelmann et Compie

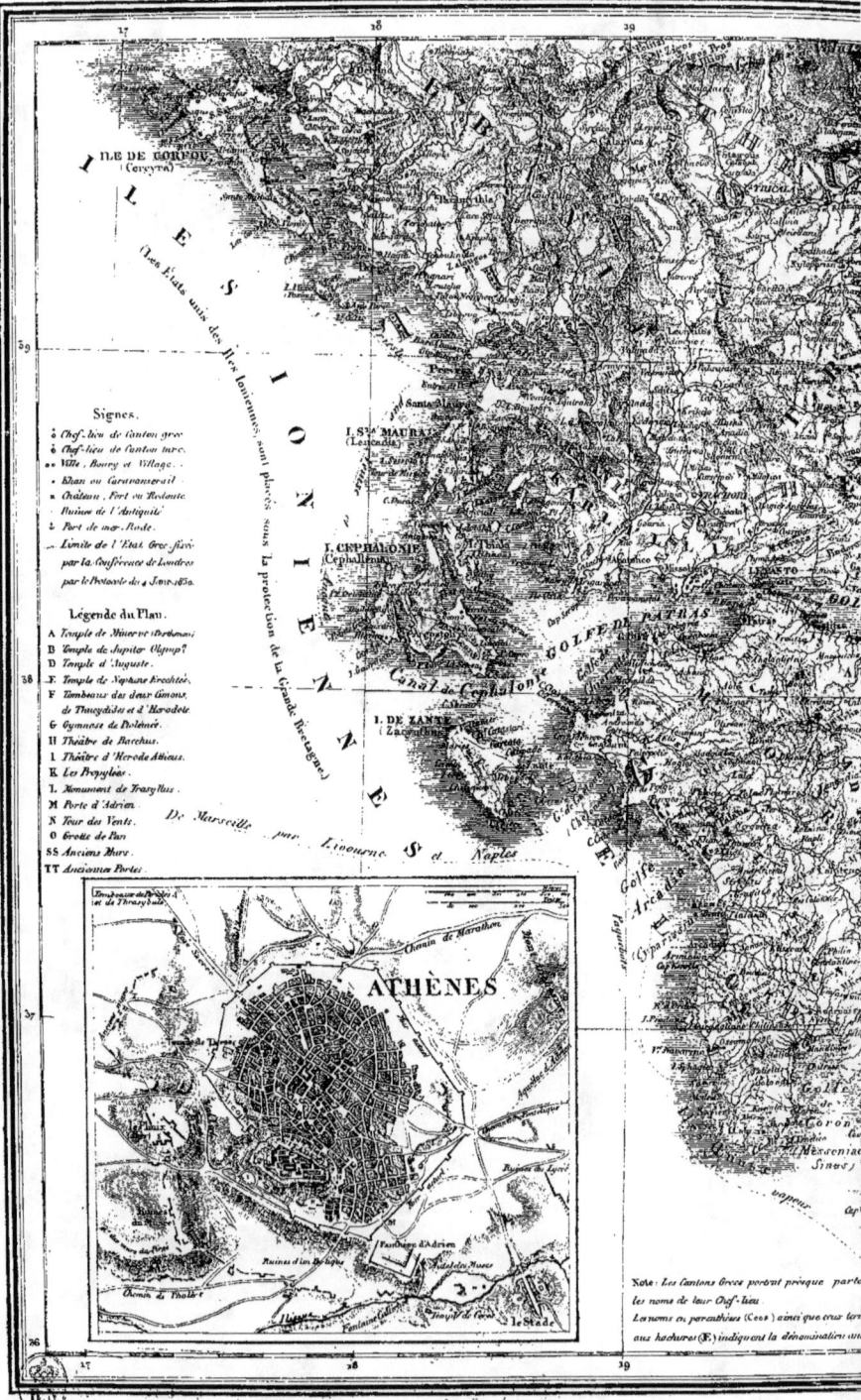

Signes.

- ◌ *Chef-lieu de Canton grec.*
- ◌ *Chef-lieu de Canton turc.*
- • *Ville, Bourg et Village.*
- ▪ *Khan ou Caravanserail.*
- ▪ *Château, Fort ou Redoute.*
- *Ruines de l'Antiquité.*
- ⚓ *Port de mer, Rade.*
- *Limite de l'État Grec fixée par la Conférence de Londres par le Protocole du 4 Juin 1830.*

Légende du Plan.

- A *Temple de Minerve (Parthenon).*
- B *Temple de Jupiter Olymp.º*
- D *Temple d'Auguste.*
- F *Temple de Neptune Erechtée.*
- F *Tombeaux des deux Cimons, de Thucydides et d'Hérodote.*
- G *Gymnase de Ptolémée.*
- H *Théâtre de Bacchus.*
- I *Théâtre d'Hérode Atticus.*
- K *Les Propylées.*
- L *Monument de Trasyllus.*
- M *Porte d'Adrien.*
- N *Tour des Vents.*
- O *Grotte de Pan.*
- SS *Anciens Murs.*
- TT *Anciennes Portes.*

ILE DE CORFOU
(Corcyra)

ILES IONIENNES

(Les États unis des Îles Ioniennes, sont placés sous la protection de la Grande-Bretagne.)

I. S.te MAURA
(Leucadia)

I. CEPHALONIE
(Cephallenia)

I. DE ZANTE
(Zacynthus)

Canal de Cephalonie

GOLFE DE PATRAS

De Marseille par Livourne S.t et Naples

ATHÈNES

Note: Les Cantons Grecs portent presque parto. les noms de leur Chef-lieu. Les noms en parenthèses (Ceos) ainsi que ceux tra. aux hachures (F.) indiquent la dénomination an.

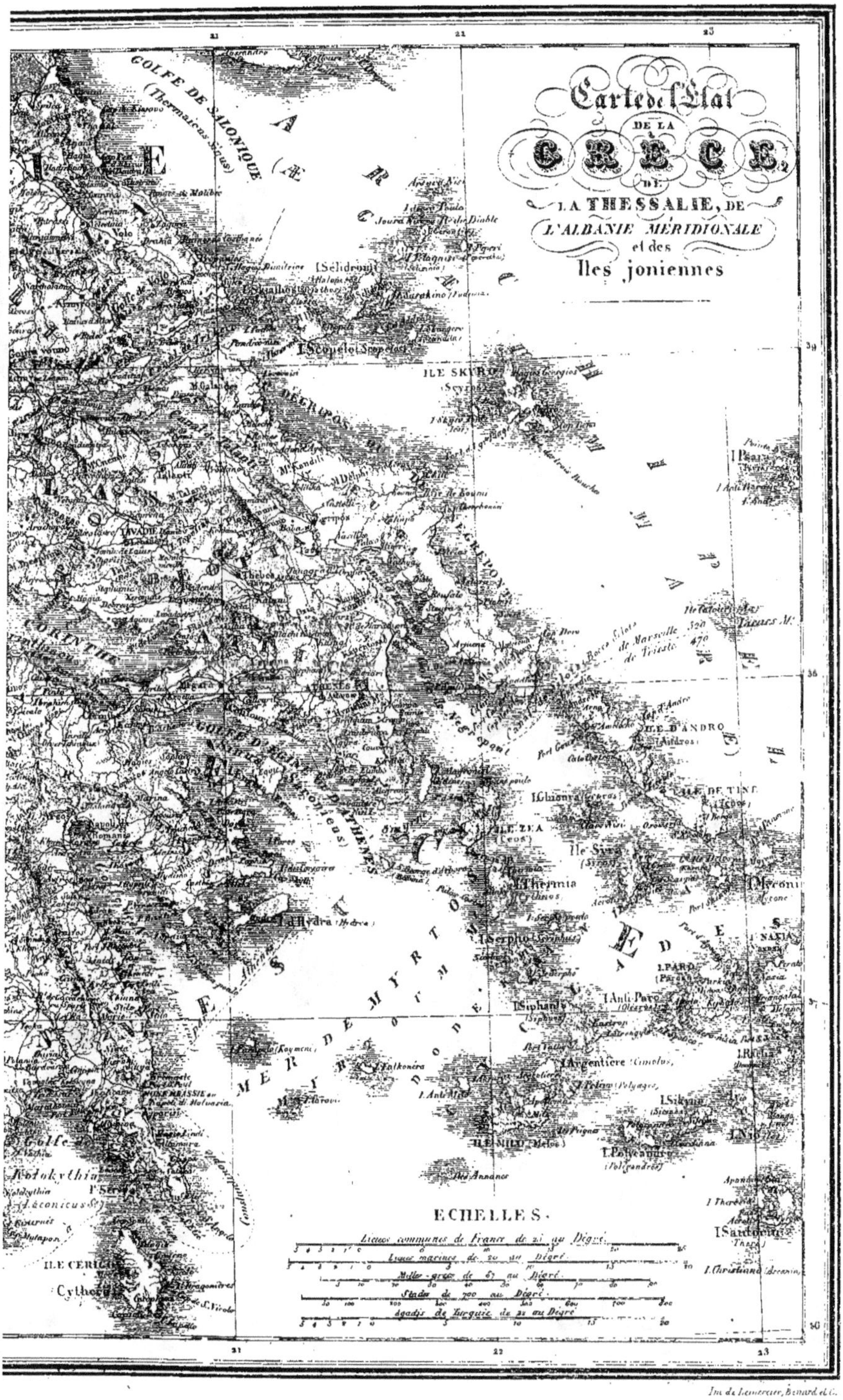

Carte de l'État
DE LA
GRÈCE,
DE
LA THESSALIE, DE
L'ALBANIE MÉRIDIONALE
et des
Iles joniennes

ECHELLES.

ANGLETERRE

OCÉAN GLAC...

SCANDINAVIE

Golfe de Bothnie

Mer du Nord

Mer Baltique

EUROPE

TURQUIE

AUTRICHE

RUSSIE

MER NOIRE

Steppe des Kirghiz

KHANAT DE KHIWA

MÉDITERRANÉE

ÉGYPTE

PENIN...

ARABIE

Nadsched Nedjd

Haut - Plateau

Arabie heureuse

Hadramaut

BELUDSCHISTAN

INDO...

PERSE

ABYSSINIE

Golfe d'Aden

Socotora

GOLFE D'ARABIE

OU

MER D'OMAN

AJAN

Équateur

MER

DE

SIND

GOLF...

B.R.

Gravé sous la Direction de l'Auteur.

Longit...

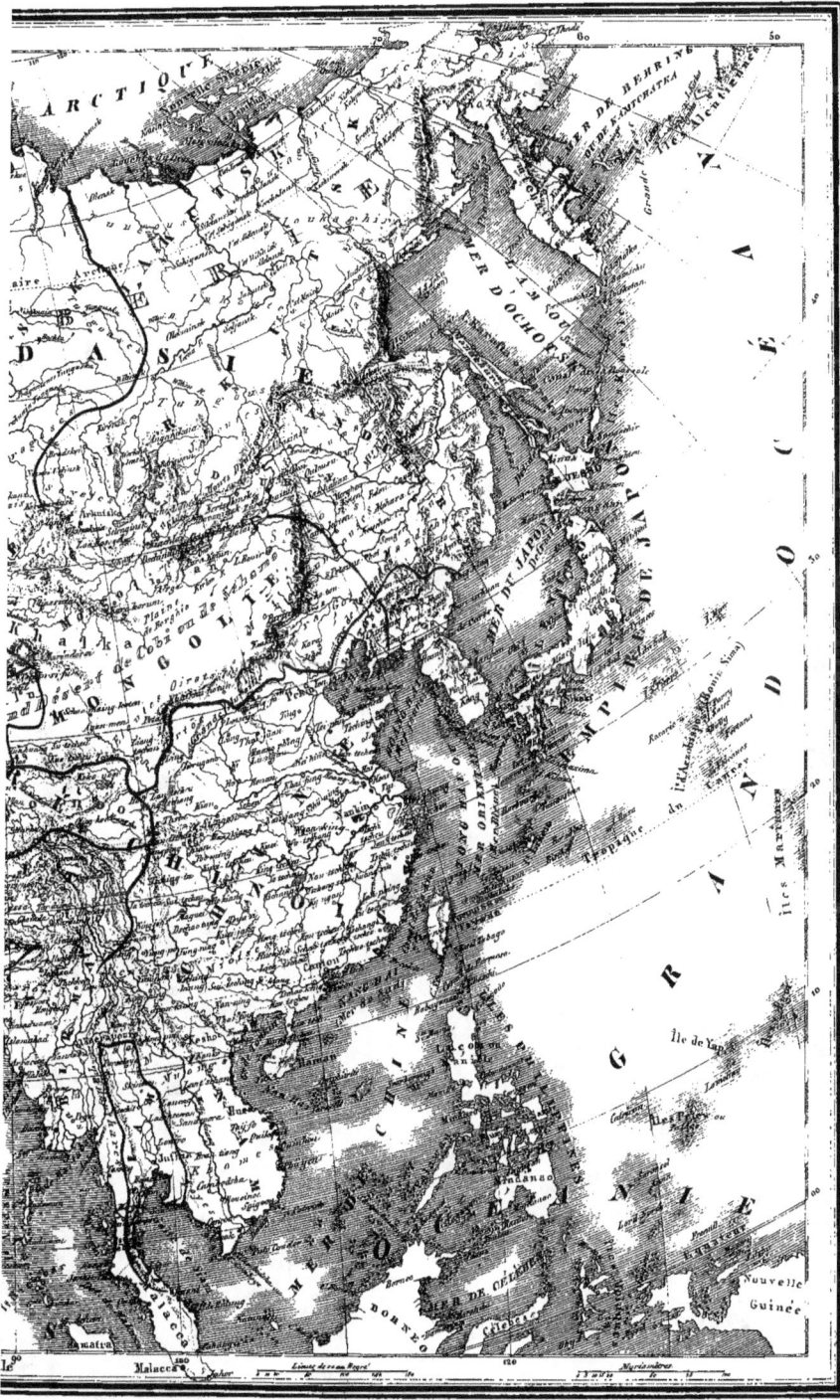

OCÉAN ARCTIQUE

ASIE

MER DE BEHRING

MER D'OCHOTSK

MER DU JAPON

EMPIRE DU JAPON

GRAND OCÉAN

MONGOLIE

Îles Mariannes

Île de Yap

OCÉANIE

BORNEO

Nouvelle Guinée

Sumatra

Malacca

KANDAHAR

AFGHANISTAN OU CABOUL

Attock

HAUT TH

GRAN

Lahore

Sickhs de

Multan

Pays des Bhatties

Delhi

Himalaya

BELOUDHISTAN

INDO

Kelat Nasser-Chun

Soderab

MER D'OMAN

GOLFE D'OMAN

Golfe

URUNG

CAPORE

BALGHA

DES

Explication des Couleurs.

Possessions directes des Anglais dans l'Inde.
Etats sous la protection des Anglais, ou alliés ou tributaires.
Etats indépendans gouvernés par des Princes indigènes.
Division du Territoire Britannique en Provinces.
Territoire cédé par les Birmans aux Anglais, d'après le traité de Yandabu 1826.
Possessions Françaises.
Possessions Portugaises.
Possessions Danoises.

Calcutta, Chef-lieux des 3 Présidences Bombay, dans lesquelles les Possessions Madras, sont divisées, entre il suit:

1.Présid.e de Bengale
2.Présid.e de Bombay
3.Présid.e de Madras

Ile

Canal de neuf degrés

Canal de huit degrés

CARTE

Indes

CEYLON

ECH

Milles Géograp.

Colombo

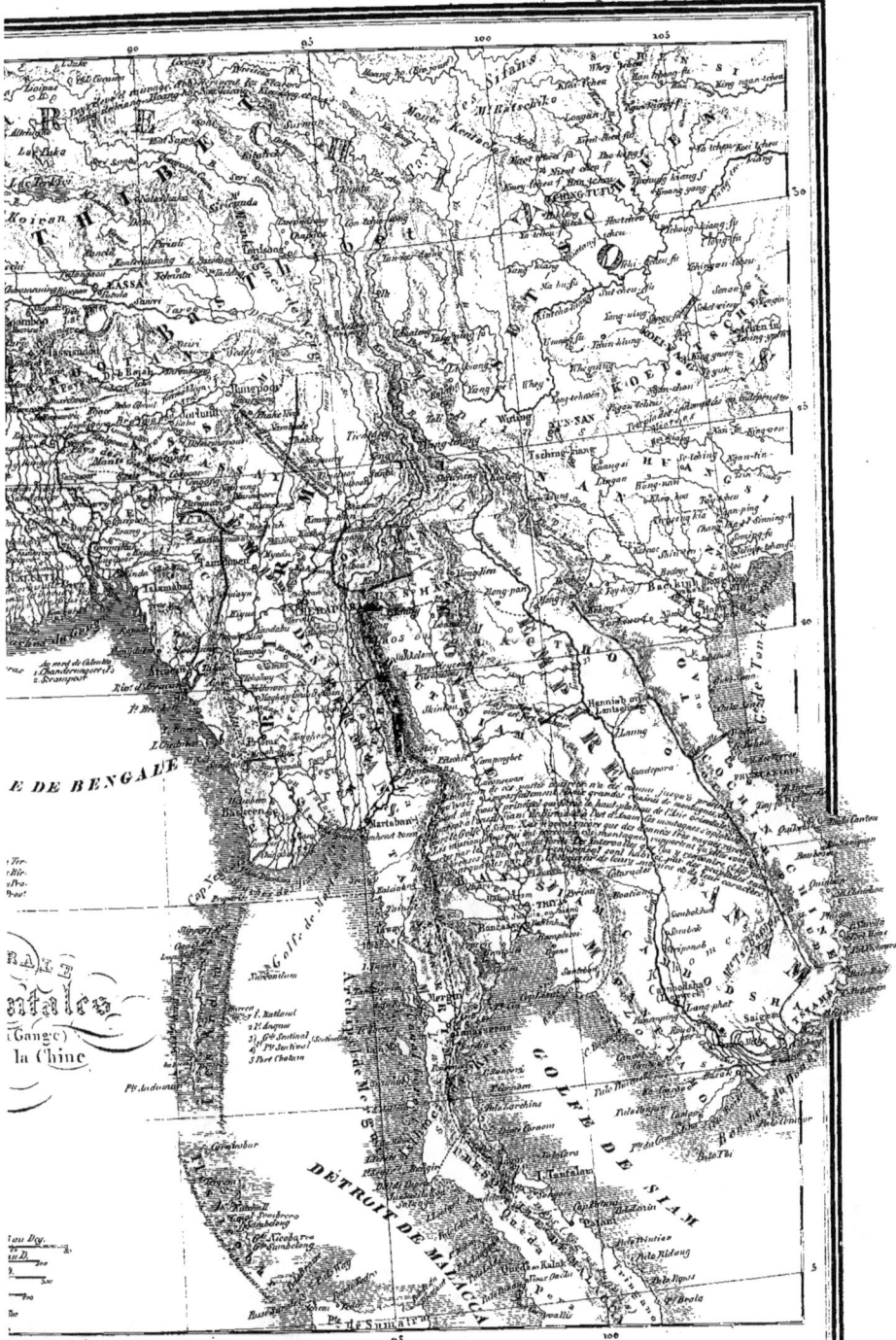

THIBET

YUN-NAN

ROEI-TCHÉOU

SE-TCHUEN

KOEI

TONG-KING

GOLFE DE BENGALE

GOLFE DE SIAM

DÉTROIT DE MALACCA

la Chine

(Gange)

Pte. de Sumatra

Imp. Lemercier, Benard et C.

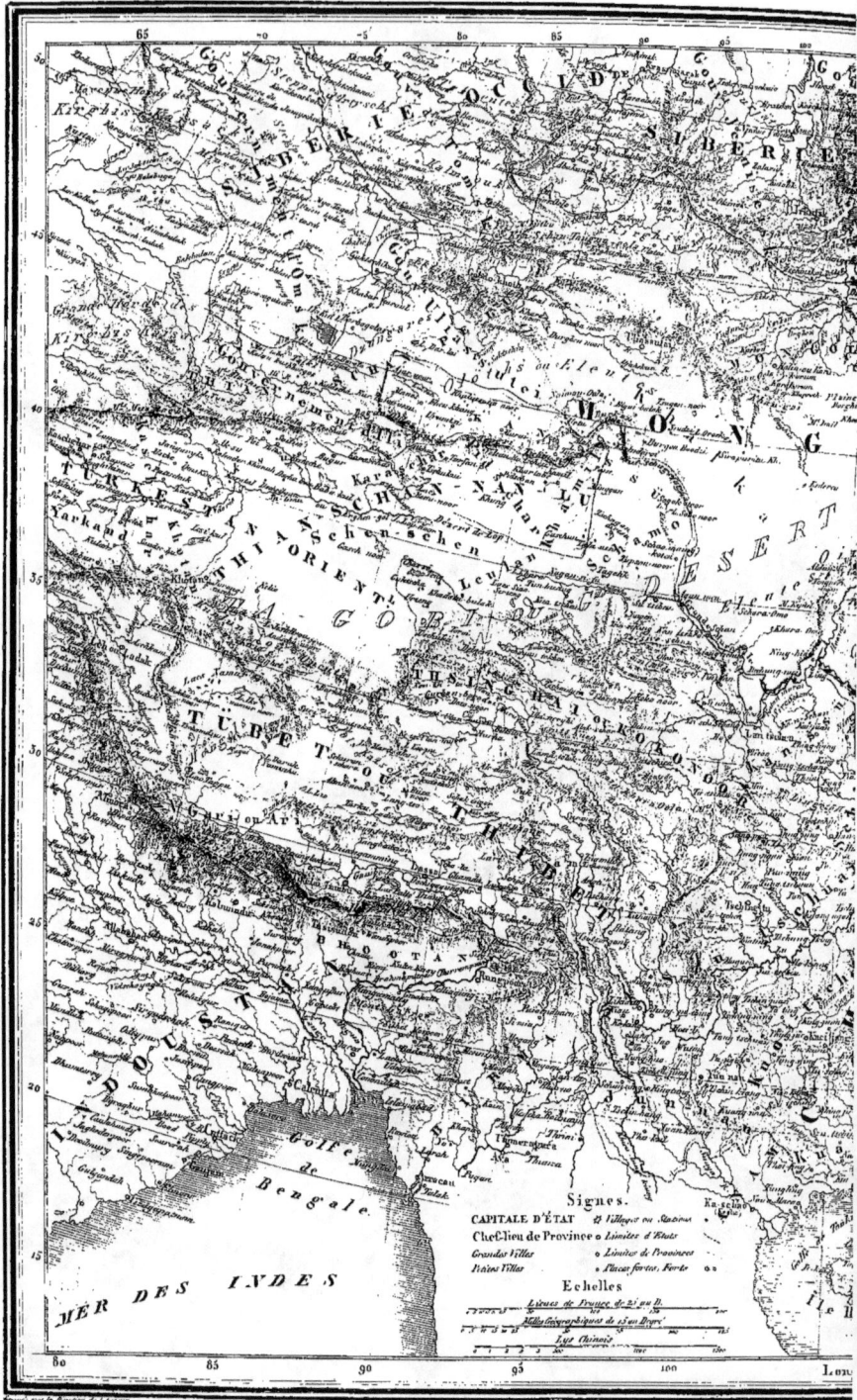

MER DES INDES

Golfe de Bengale

TÜBET

THIBET

GOBI OU

DESERT

MONGOLIE

SIBERIE

SIBERIE

TURKESTAN

INDOUSTAN

KOKONOR

Signes.

CAPITALE D'ÉTAT
Chef-lieu de Province
Grandes Villes
Petites Villes

Villages ou Stations
Limites d'États
Limites de Provinces
Places fortes, Forts

Echelles

Lieues de France de 25 au D.

Milles Géographiques de 15 au Degré

Lys Chinois

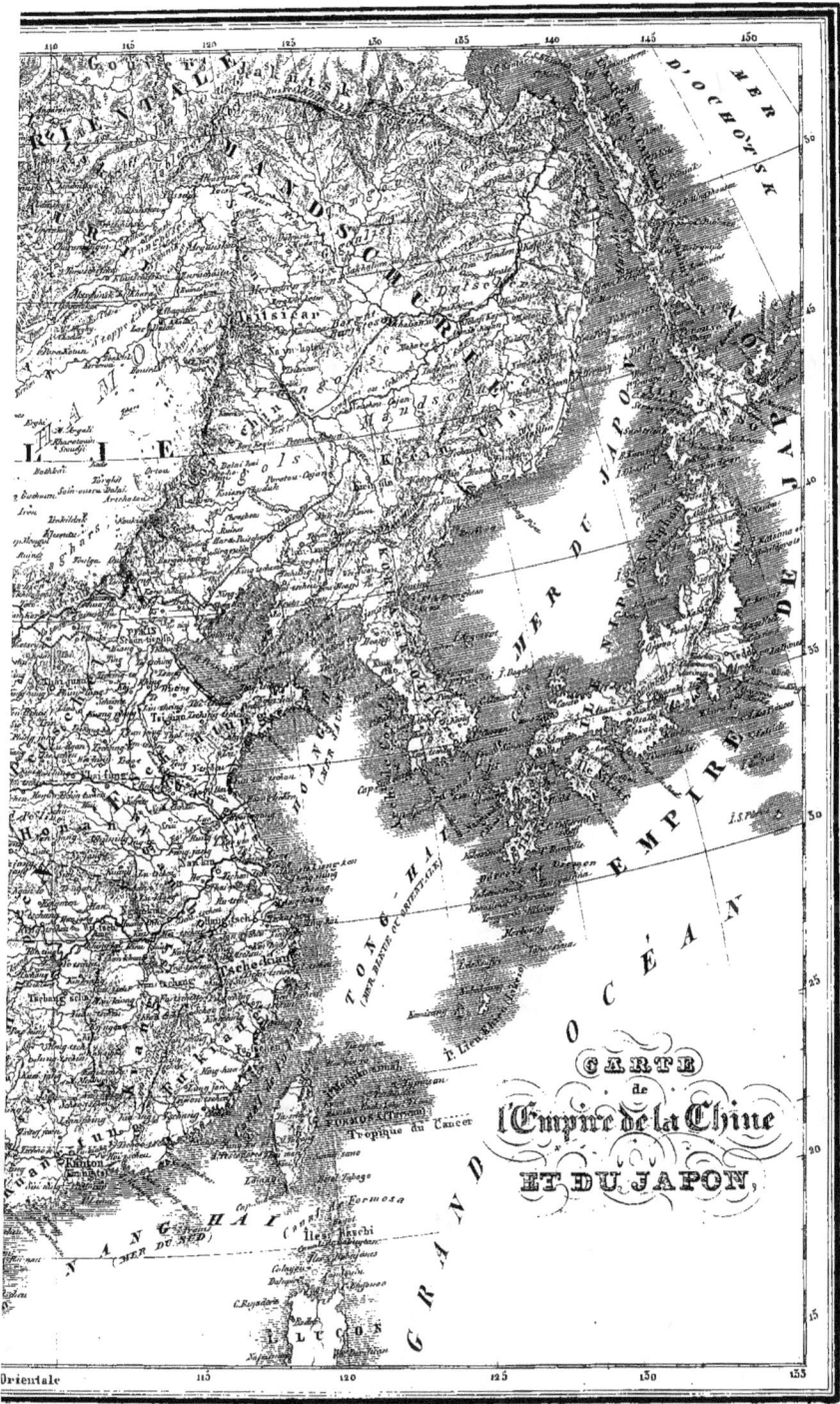

CARTE
de
l'Empire de la Chine
ET DU JAPON.

MER D'OCHOTSK

EMPIRE JAPONAIS

MER DU JAPON

OCÉAN

GRAND

TONG-HAÏ
(MER BLEUE OCCIDENTALE)

NAN-HAÏ
(MER DU MID)

Tropique du Cancer

FORMOSA

LUÇON

Orientale

Imp. Lemercier, Benard et C.

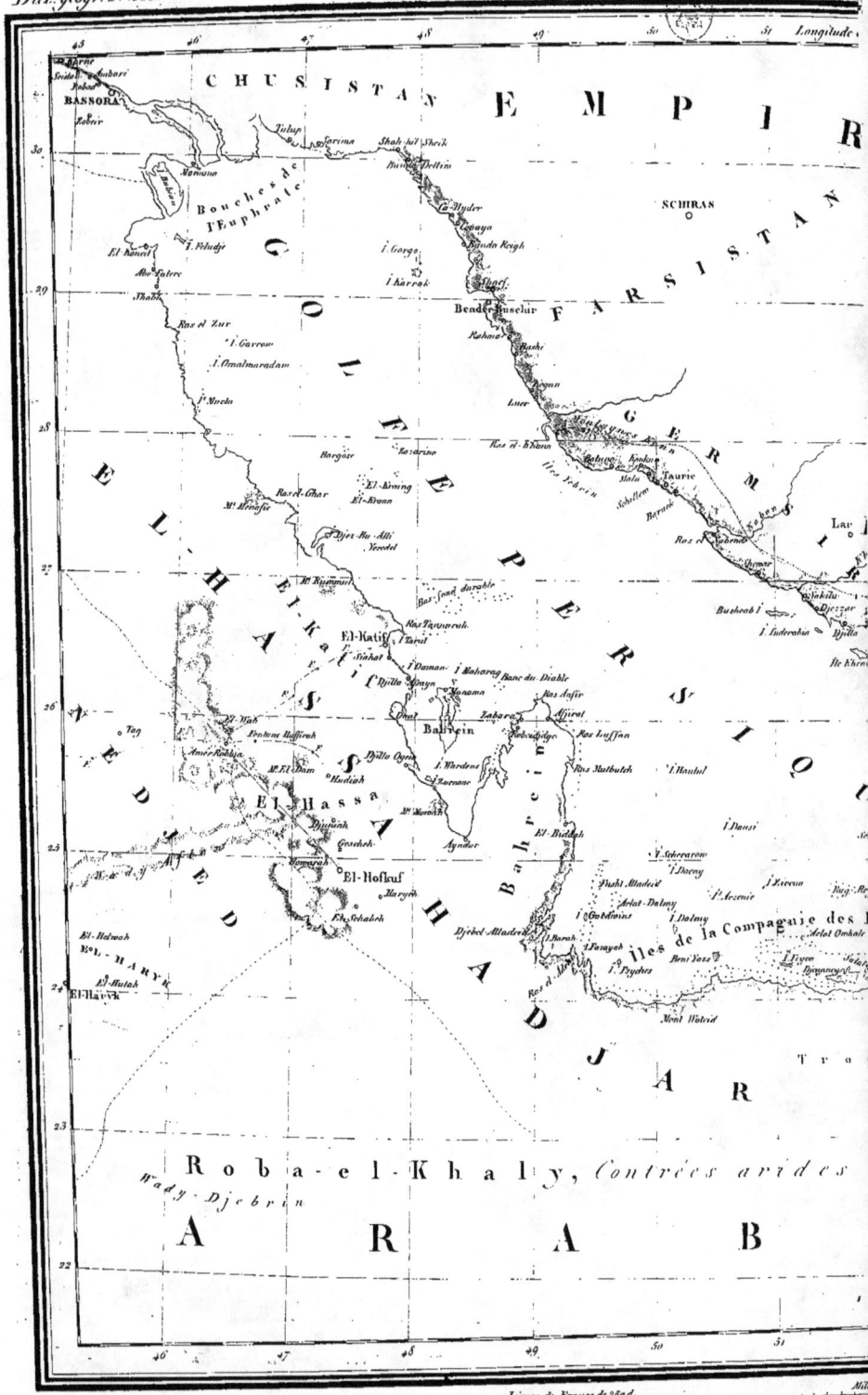

LE GOLFE

Longitude

CHUSISTAN

EMPIRE

BASSORA

Zobir

Tulup

Sarima

Shah-bil-Sheik

Bunder Dellim

SCHIRAS

Bouches de l'Euphrate

Manawa

Bahon

C.º Hyder

Congo

Banda Reigh

El Komel

Abu Falere

I. Foludje

I. Gorgo

I. Karrak

Thath

Bender Buschir

Rahmar

Bashi

Ras el Zur

GOLFE

I. Garrou

I. Omalmaradam

I. Mucha

Dogan

Luer

Ras el Khann

Kookin

GERM

Hargase

Lazarine

Taurie

Ras el Ghar

El-Emvig

Schellum

El-Bram

Barah

M.º Henafie

Djer-Bu-Alli

Neredel

Ras es Schrondi

M.º Kummit

PERSIQUE

Lav

Ras Soad durable

El-Katif

Tarut

Ras Tannurah

Bushoab I.

Biezar

I. Luderabia

Djilla

I. Naharag

Banc du Diable

Sinhat

I. Daman

I. Khen

Ras Aafir

Manama

El Wah

Omal

Zabara

Ras Luffan

Tag

Peitone Haffirah

BAHREIN

Amer Rokbin

M.º El-Dam

I. Wardem

Nebetbidge

Ras Matbuteh

I. Haulul

Hudiah

I. Zaemane

I. Dansi

El-Hassa

M.º Morah

I. Seheraroun

Djunah

Aynder

El-Biddah

I. Dacug

I. Escoun

Geschch

Romural

Pisht Allateid

Aslat-Dalmy

P. Arsenie

El-Hofkuf

Haryeh

Goddivins

I. Dalmy

El-Helwah

EL-HARYK

Ek Schabeh

Djebel Altadril

Barah

I. Fasayah

Beni Yas

Iles de la Compagnie des

El-Hutah

EL-HARYK

I. Psyche

Mont Waleid

Roba-el-Khaly, Contrées arides

Wady Djebrin

ARAB

Lieues de France de 25 d.

Mill

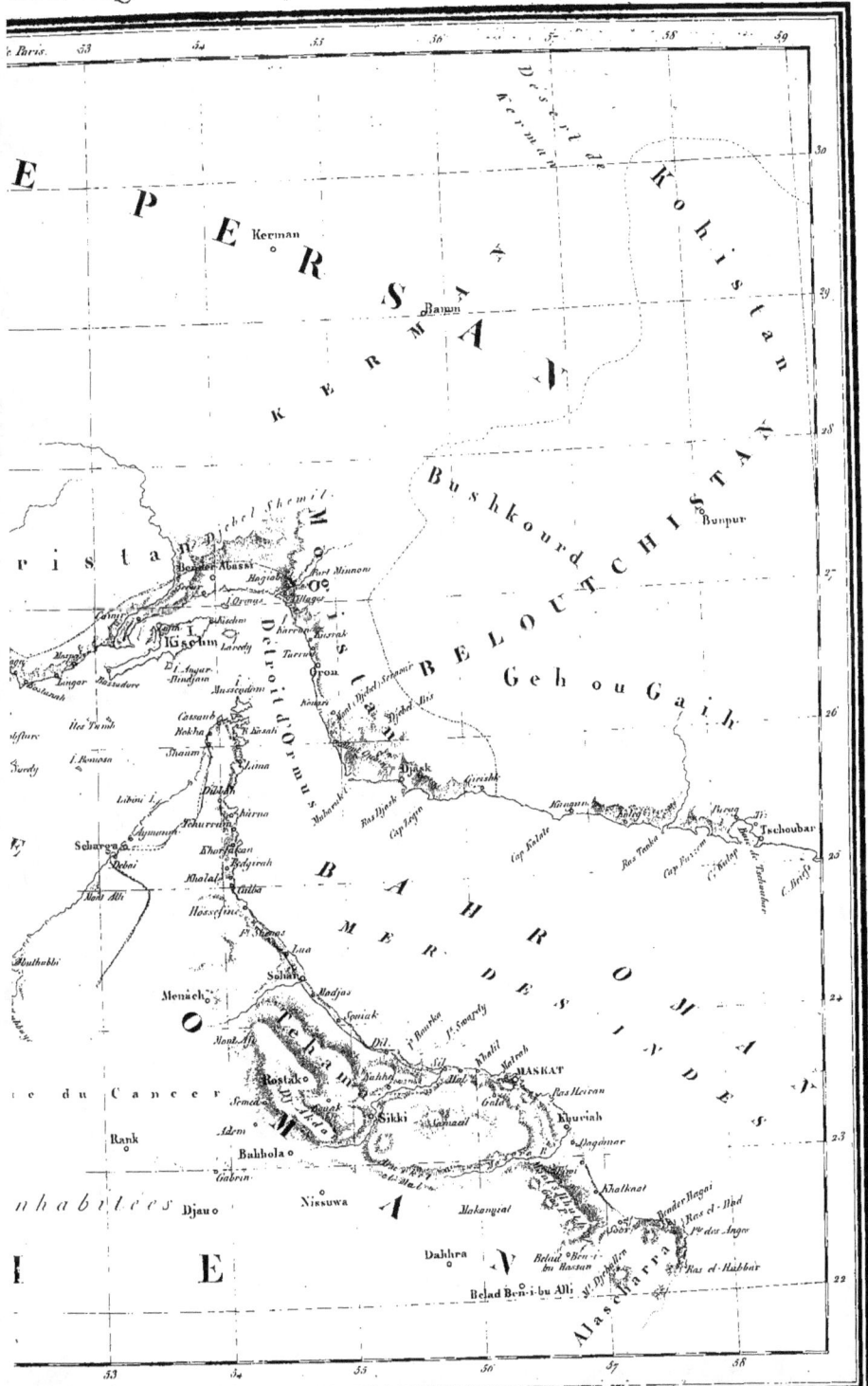

e Paris. 53 34 35 36 5 58 59

Désert de Kerman

Kohistan

30

E P E R S A N

Kerman

29

K E R M A N

Bamm

28

Bushkourd

Bunpur

ristan

Djebel Shemil

Bender Abassi

Port Minnou

Hagiah

Kassrak

Tarrum

BELOUTCHISTAN

Geh ou Gaih

L'Orma

Kischm

Kischm

Laredy

27

Kaschm

El Augar

Hindjam

Oron

Kemari

Mussendom

Cassanh

Rokha

Lima

Chabar

Jask

Girishk

Kimann

Kalat

Persia

Tschoubar

26

Delvoid'Ormus

Ras Bjork

Cap Jejin

Ras Teuka

Cap Bassım

C. Tschandar

Dillah

Khurna

Cap Kalate

Kalop

C. Brize

25

I. Tunb

I. Bonosa

Libini I.

Nchurrum

Khor Fakan

B A H R

Ras el-Dud

Schargea

Debai

Fidjirah

Khalal

Tolba

Mont Ali

Hossefine

M E R D E S I N D E S

24

Pt. Shamas

Lua

Monach

Solan

Madjas

O

Mont Ali

Sonak

Pt Bourka

Pt Smarty

Tchain

Dil

Khatib

Matenh

MASKAT

23

Rostako

Semed

Duhh

Gala

Ras Heisan

Rank

Adem

Sikki

Kamaail

Khuriah

Bahhola

Dagamar

Gabrin

Kalat el Bud

inhabitées Djau

Nissuwa

Makanyiat

Bender Hagni

Ras des Anges

22

E

Dahhra

Belad Ben-bu Hassan

Mt Djebellen

Ras el-Rahbar

Belad Ben-i-bu Alli

Alascharra

53 34 35 36 57 58

Impr. chez Thierry F.

Lieues Marines de 20 au d.

Formes

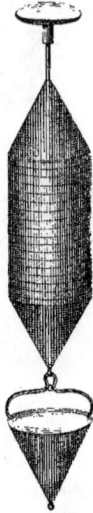

Balance hydrostatique

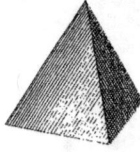

Tétraèdre.

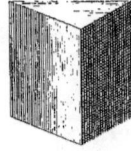

Prisme triangulaire.

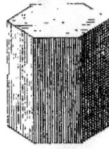

Prisme hexagon.^l régulier.

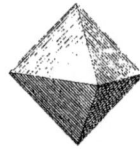

Octaèdre.

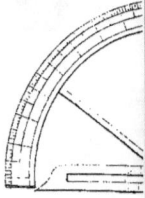

Goniomètre po

Assemblage
secon

Pét

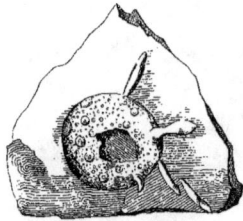

Echinite.(Oursin pétrifié.)

Gryphite.(Coquille fossile.)

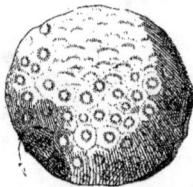

Corallite.(Polypier fossile.)

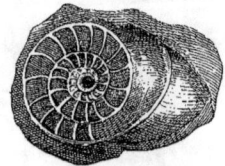

Ammonite (Coupe.)

Cristaux.

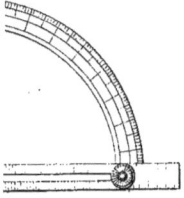

surer les angles

Cube

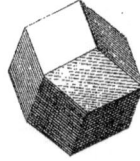

Rhombe dodécaèdre.

cristalliques
ives

Parallélipipède

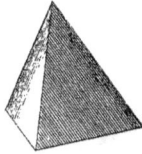

Tétraèdre régul.

Dodécaèdre bipyramidal

ions.

Phytolithe. (Empreinte de fougère.)

Encrine pétrifiée

Ammonite

Bélemnite

Pétri

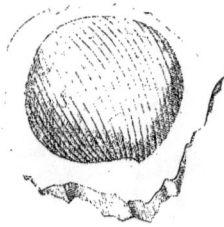

Petoncle pétrifiée.

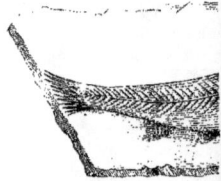

Ich

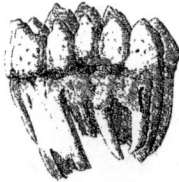

Odontolithe.
Dent fossile du Grand Mastodonte.

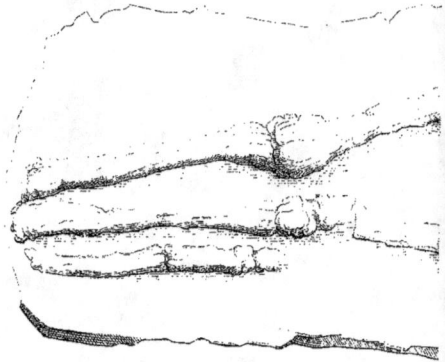

Dent fossile du Mammouth.

Anthropolithe. (Tron

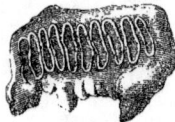

Ornitholithe.

Amp

ions.

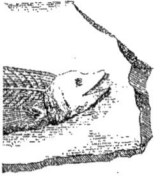

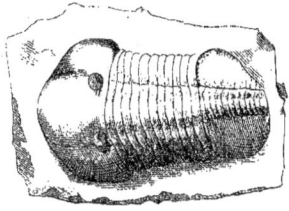

Entomolithe.

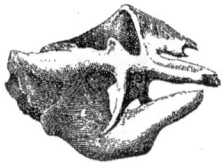

Crâne fossile du Mégathérium.

s la Guadeloupe.)

Crâne fossile du Grand Elan.

Crâne fossile du G.d Masto donte.

...lithe.

Imp. chez Thierry F.

Classification des Plantes

I.º Cl. Acotylédonie, F. 1-5, II.º Cl. Monohypogynie, F.º

(Voir pour la 4.º Classe la

Fig. 9. b.

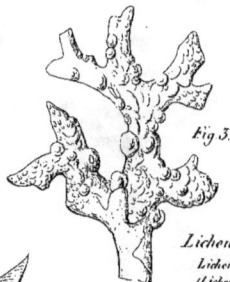

Fig. 3.

Lichens (Juss.)

Lichen pulmonaire
(Lichen pulmonarius)

Fig. 2.

Champignons (Juss.)

Agaric moucheté
(Agaricus muscarius)

Fougères (

Polypode co

Fig. 9.

Musacées (Jussieu)
Polygamie-monoecie (Lin.)
Bananier (Musa sapientium)
a. Fleur féminine
b. Fleur masculine.

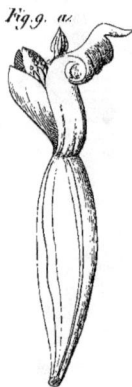

Fig. 9. a.

Fig. 4.

Mousses (Jussieu)

Polytric ondulé
(Polytrychon undulatum)

s le système de Jussieu.

Monopérigynie F.7,8 ;IV.Cl. Monoépigynie Fig. 9.

uivante Figures 1 et 2)

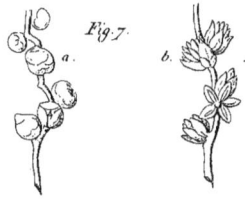

Fig.7.

a. b.

Fig.1

Algues (Jussieu)
Cryptogamie (Lin)
Varec cornu
(Fucus ceranoides)

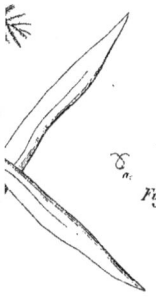

podium vulg.)

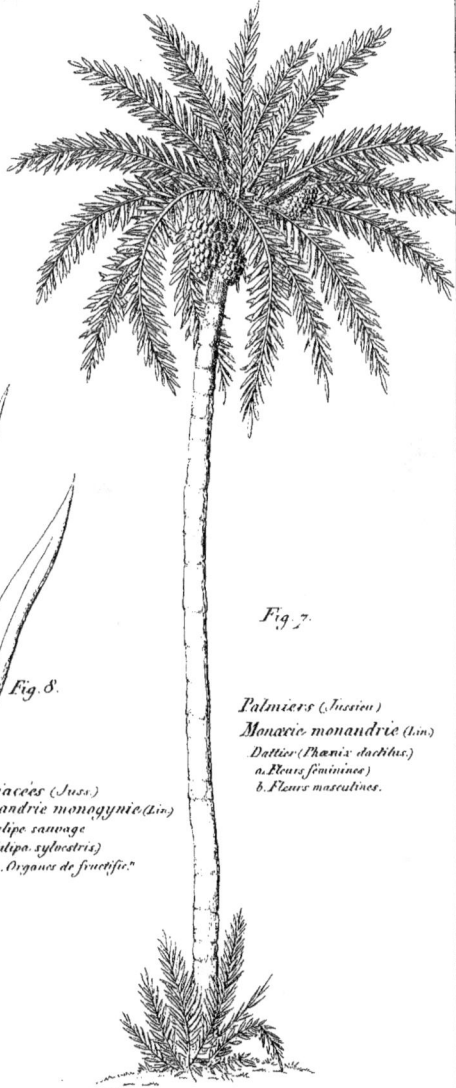

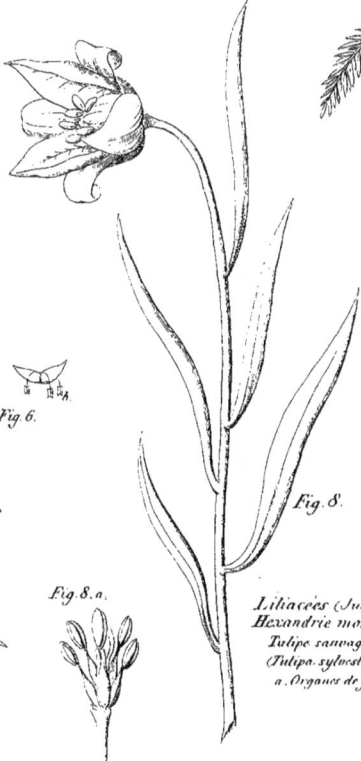

Fig.6.

Fig.8.

Fig.7.

Palmiers (Jussieu)
Monœcie monandrie (Lin)
Dattier (Phœnix dactilus)
a. Fleurs féminines
b. Fleurs masculines.

Fig.8.a.

Liliacées (Juss.)
Hexandrie monogynie (Lin)
Tulipe sauvage
(Tulipa. sylvestris)
a. Organes de fructific.n

Fig.6.

Graminées (Jussieu)
Triandrie digynie (Lin)
Canne à sucre (Saccharum offic.)
a. Organes masculine
b. Organes féminins

V.^e Cl. Epistaminie *Fig.*
VIe Cl. Péristaminie *F.*

(Les Figures 1 et 2 app

Aristolochiées (Juss.) Gynand
Aristolochr (Aristol
a. Organes d

Fig. 1.ª

2.ᵇ

Fig. 1.

Balisiers (Jussieu) Monandrie Monogynie (Linné)
Gingembre des Indes. (Amomum Zingiber.)
a. Fleur, b. Organes de fructification.

Fig. 4.ᵇ

7.ª

Fig. 4. Fig. 4.ª

7.ᵇ

Thymélées (Jus.)
Daphne Mezereum (Linné)
Mézéréon
a. Rameau avec fruits; b. Fleur.

Fig. 7.

7.ᶜ

Labiées (Juss.) Didynamie Gymospermie (Lin.)
Lierre terrestre ou Terrette. (Glecoma hederacea.) a. Fleur, b. Calice, c. Pistil.

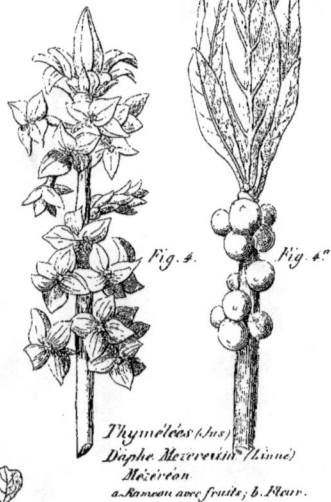

Fig. 8.ᵇ

Plantaginées (Juss.) Tétran
Plantain à grandes fleurs
(Plantago major) a.

II.ᵉ Cl. Hypostaminie *Fig. 6.*
III.Cl. Hypocorollie *F. 7; 8.*

ent à la IVᵐᵉ Classe)

andrie (Lin.)
-Sipho)
ficale)

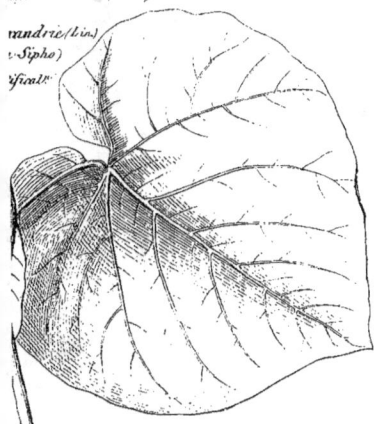

Fig. 3.

F. 3.ᵃ

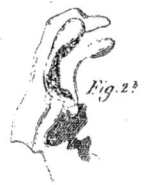

Fig. 2.  *Fig. 2.ᵇ*

Fig. 2.ᶜ
Orchidées *(Juss.)* Gynandrie Diandrie *(Lin.)*
Ophris *(Ophris apifera)* a. Racine,
b. Organes de fructification

Fig. 5.ᵃ

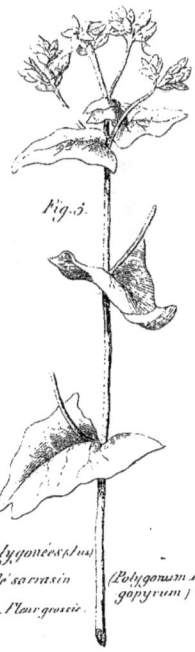

Fig. 5.

ig. 6.

Fig. 6.

Polygonées *(Juss.)*
Blé sarrasin *(Polygonum Fa-*
gopyrum)
a. Fleur grossie

Fig. 8.ᵃ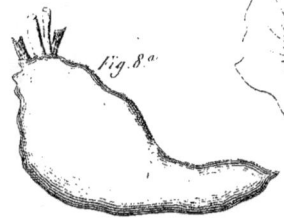

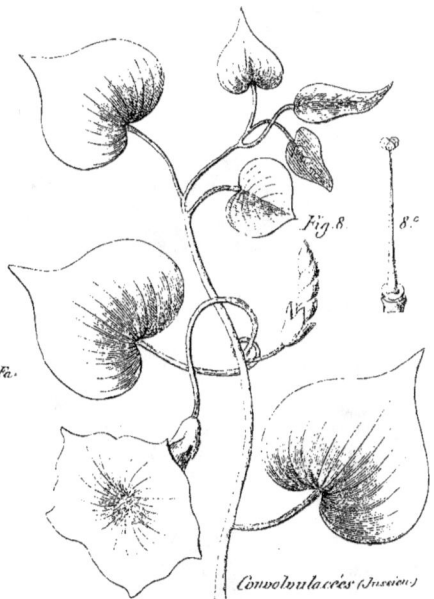

Fig. 8. *8.ᶜ*

Convolvulacées *(Jussieu)*

Batate *(Convolvulus Batatas)*
a. Racine réduite, b. Fleur ou-
verte, c. Pistil.

Monnan-
gynie)
verte, b. Pistil, grossi.

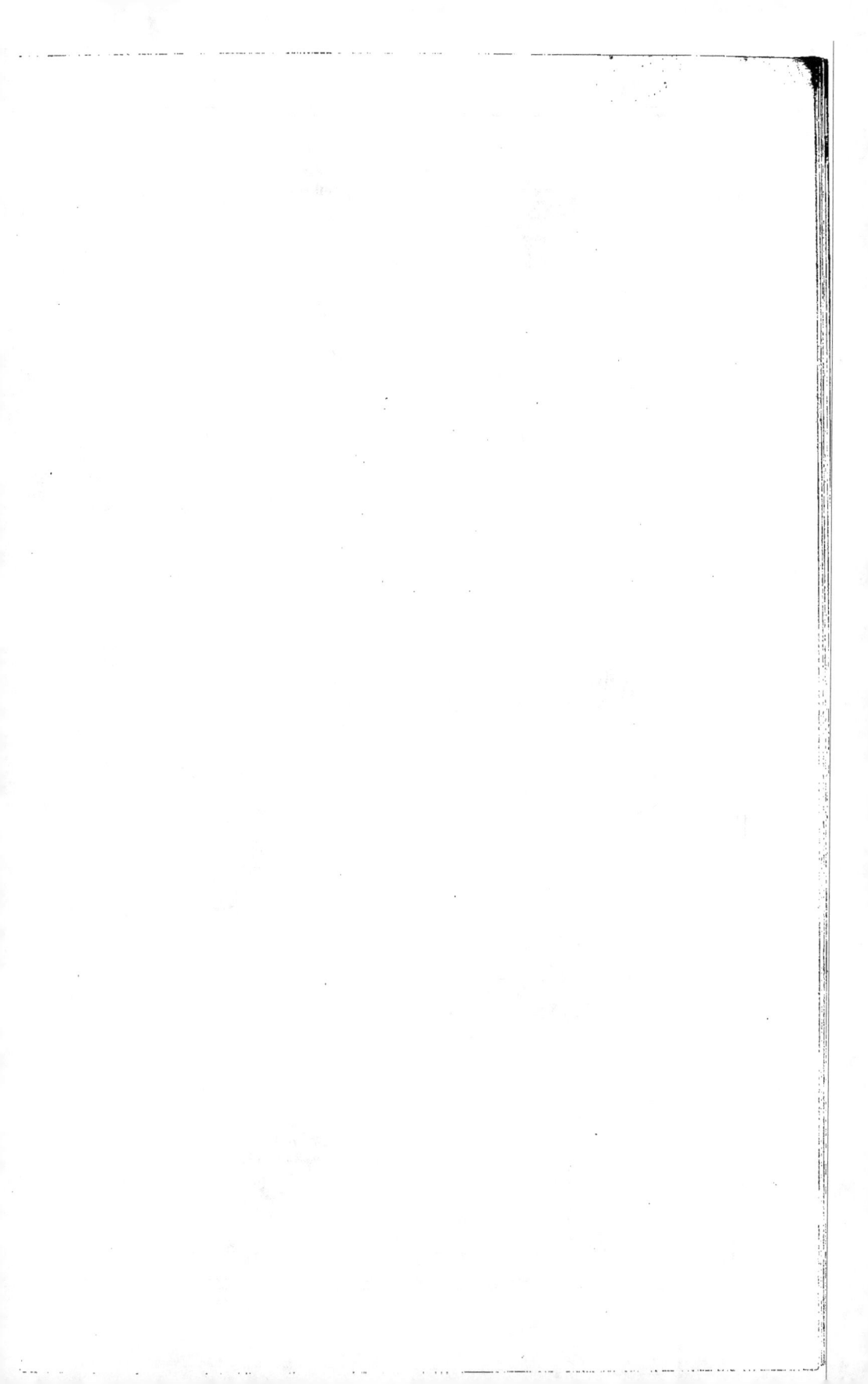

IX.Cl. Péricorollie *Fig 1, 2.*
X.Cl. Epicorollie Synantheric *Fig. 3.*

Fig. 1.

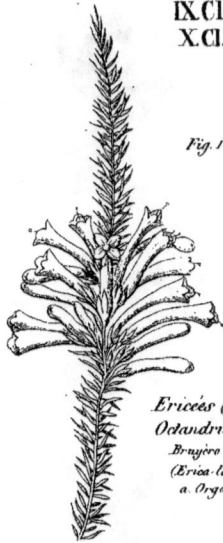

a.

a

Fig 2

Ericées (Bicornes) (Jussieu)
Octandrie monogynie (Linné)
Bruyère à longues fleurs
(Erica longiflora)
a. Organes de fructification grossis

Campanulacées (Jussieu)
Campanule gantelée (Campan...

Rubiacées (Jussieu)
Tétrandrie monogynie (Linné)
Garance des teinturiers (Rubia tinctorum)
a. Fleur, b. Pistil.

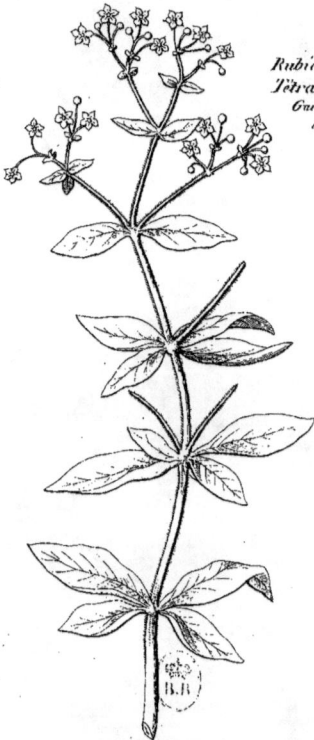

a.

Fig. 4.

b

a.

Fig. 5

b.

Cafier Arabe (Coffea arabica)
a. Fleur, b. Fleur éclose, c. Fruit

XI.Cl.Epicorollie Corysanthérie *Fig.4.5.*
XII.Cl. Epipétalie *Fig 6*

(Jussieu)

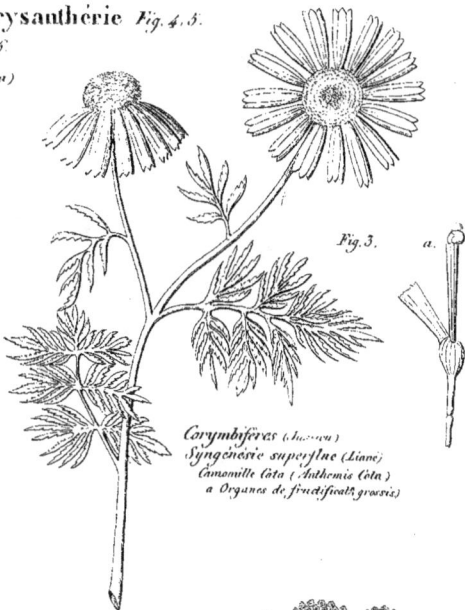

Fig. 3. a.

Corymbiféras *(Jussieu)*
Syngénésie superflue *(Linné)*
Camomille Cota *(Anthemis Cota)*
a Organes de fructificat. grossis.

Pentandrie monogynie *(Lin.)*
chelium) a. Etamines. b. Pistil

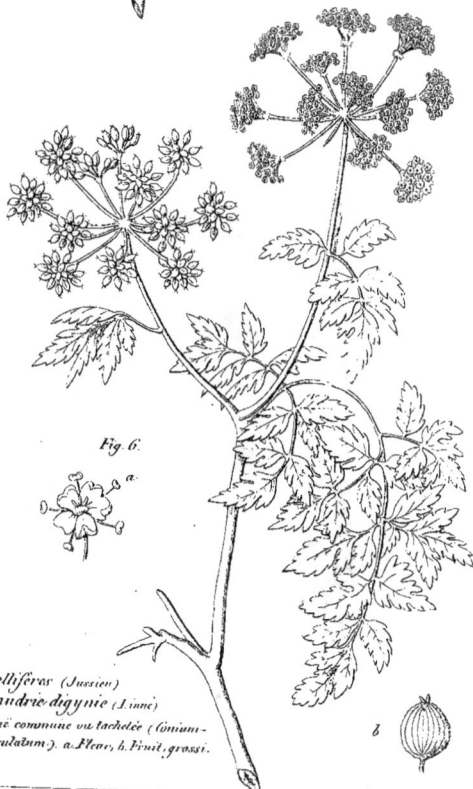

Fig. 6. a.

Ombelliféras *(Jussieu)*
Pentandrie digynie *(Linné)*
Ciguë commune ou tachetée *(Conium-
-maculatum).* a. Fleur, b. Fruit. grossi.

b

Imp. ch. Thierry f:

XIII. Classe,

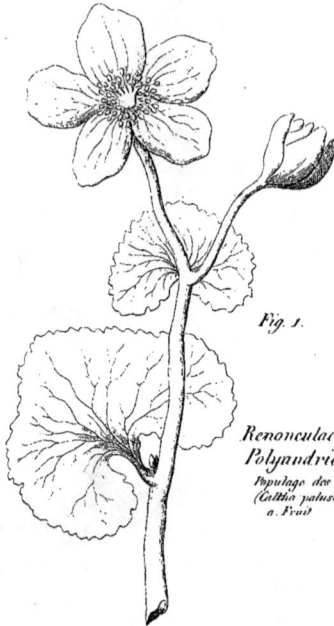

Fig. 1.

Fig. 1 a.

Renonculacées (Jussieu.)
Polyandrie Polygynie (Linné)
Populage des marais
(Caltha palustris)
a. Fruit

Crucifères. (5
Tétradynamie.
Giroflée violier
a. Etamines,

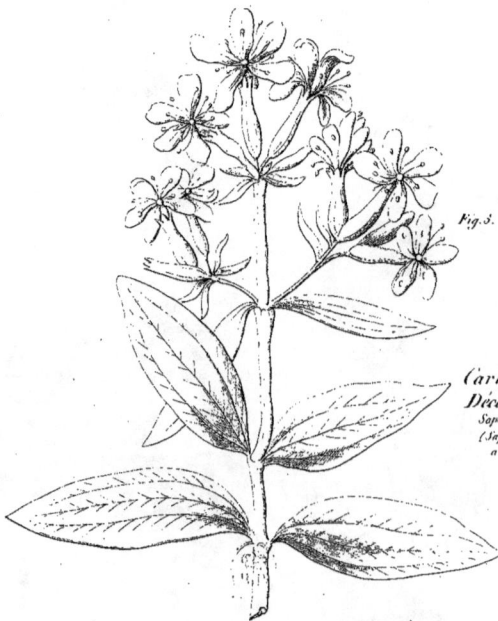

Fig. 5.   *Fig. 5 a.*

Cariophyllées. (Jussieu)
Décandrie dygynie (Linné)
Saponaire officinale.
(Saponaria officin.)
a. Organes de fructification.

Hypopétalie.
(Jussieu)

Fig. 2.   Fig. 2 a.   Fig. 3.

Malvacées *(Jussieu)*
Monadelphie polyandrie *(Linné)*
Cotonnier herbacé *(Gossypium*
herbaceum.)
a. Fleur.

leuse *(Linné)*
thus Kieiri)

Fig. 4 a.   Fig. 4.

Magnoliacées. *(Jussieu)*
Polyandrie Polygynie *(Linné)*
Magnolier nain. *(Magnolia pumila)*
a. Fruit.

I.^{re}CL.Protozoes. *Infusoires Fig. 12; Polypes 3-6; Corallines*
III.^eCL.Annélides. *Néréides Fig. 16. Vers tubicoles. 17; Vers n*

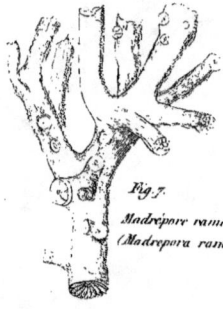

Fig.7.

Madrépore rameux. réd.
(Madrepora ramea)

Fig.1.

Volvoce globuleuse grossie.
(Volvox globator)

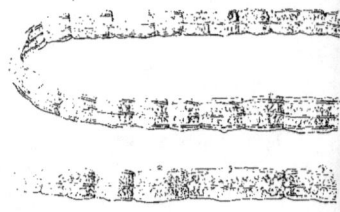

Tænia à longs anneaux. vulg.^t Vér

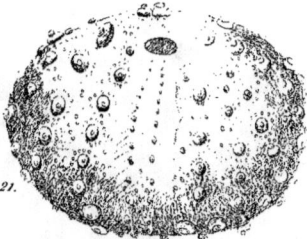

Fig.21.

Echinus dépouillé de ses épines.

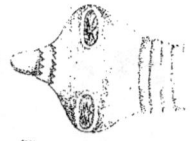

Tête grossie du Tænia F.12.

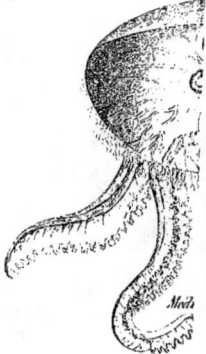

Fig.3.

Hydre verte (Hydra viridis)

Fig.6.

Pennatule grise. réd.
(Pennatula grisea)

Fig.13.

Trichure de l'homme. gros.
(Trichocephalus dispar.)

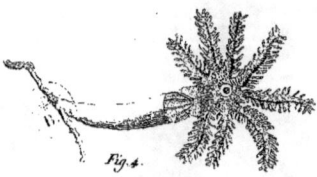

Arrosoir (Arytene penis).Fig.17.

Fig.4.

Coralline tubulaire (Tubularia cornucopia)

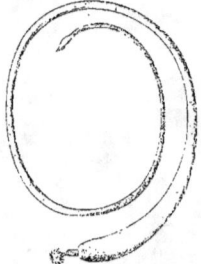

Holothurie tubu

Echynorhinque du cochon. grossie. Fig.14.
(Echynorhinchus Gigas)

I.ᵉ Cl.Vers intest.ˣ Vers Cystiques Fig.10; Vers Tænia 11.12;
Dragonneaux 13; Échineringues 14; Planaires 15.

II.ᵉ Cl.Radiaires. Holothuries Fig.19. Echinodermes 20-22; Asterias 23.

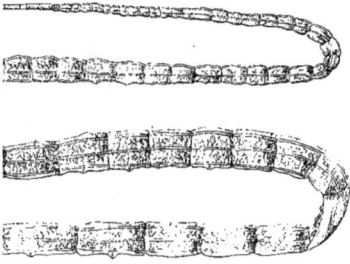

Fig. 8.

Gorgone éventail (rot.)
(Gorgona flabellum)

Fig. 2.

Animalcule spermatique
(Cercaria seminis) grossi

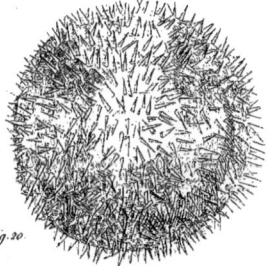

t.ʳ (Tænia solium) Fig. 11.

Fig. 10.

Cysticerque pisiforme, ou Hyda
tide (Cysticercus pisiformis)

Fig. 20.

Echinus (Oursin) mangeable (Echinus esculentus)

Ortie de mer (Aurelia aurita)

Fig. 23.

Fig. 15.

Polystome de la Grenouille
(Polyst. integer) grossi

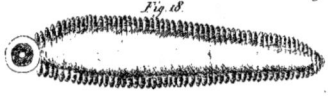

Astérie orangée, vulg. Étoile de mer
(Asteria aurantiaca)

Fig. 18.

Sangsue (Hirudo sanguisuga)

F.22. Une épine grossie de l'Echinus

Fig. 16.

Holothuria tubulosa

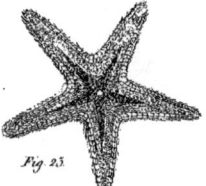

Fig. 5.

Panache distique (Pennaria disticha)

Néréide frangée (Nereis fimbriata)

e Goldfuss.   Imp. chez Thierry Fr.

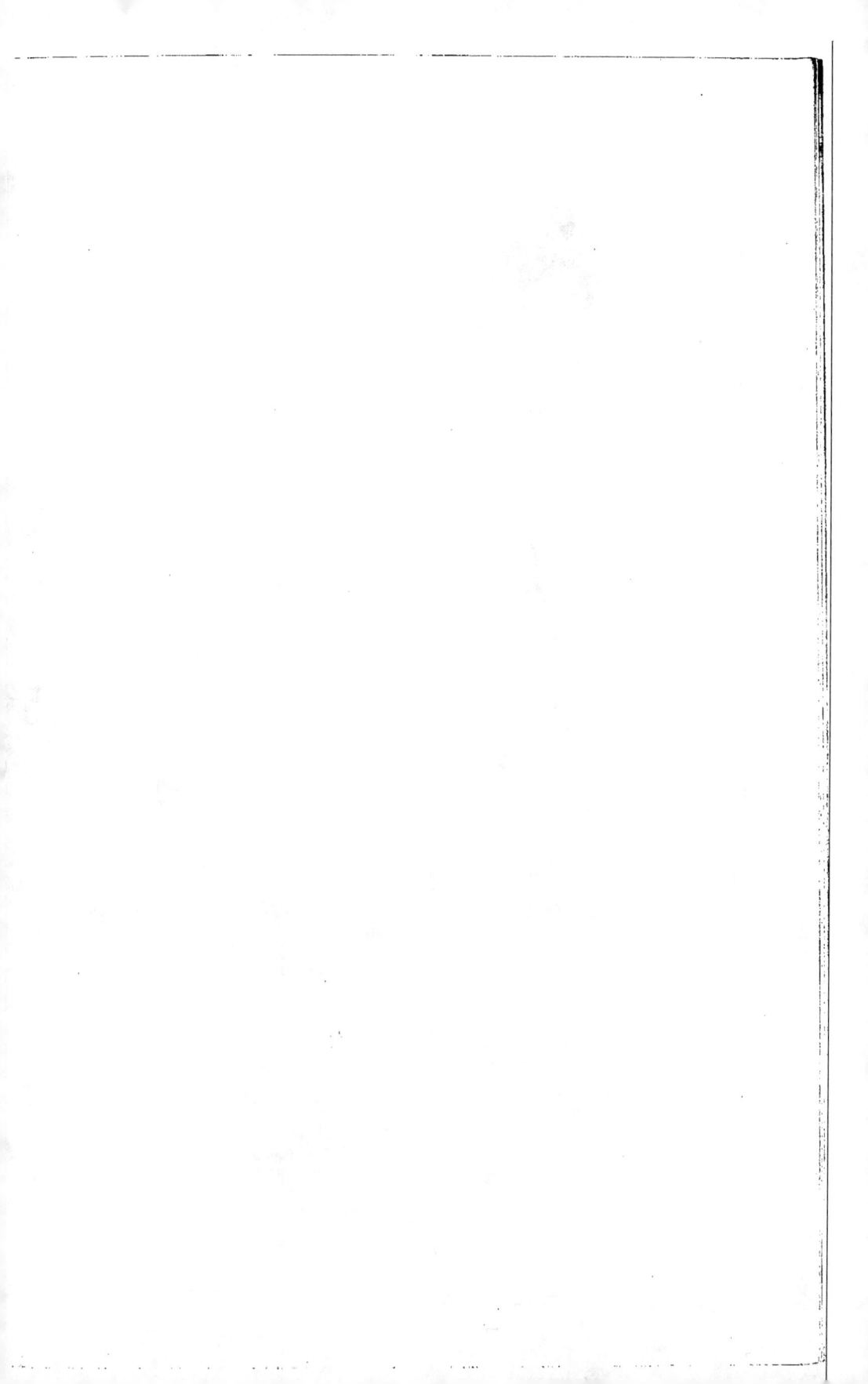

Vme Classe

Cirrhopodes, Fig. 1, 2; Acéphales, Fig. 3-5; Gastéropo...

Fig. 8. Limace

Fig. 1. Tubicinelle (Balanus tintinabalum)

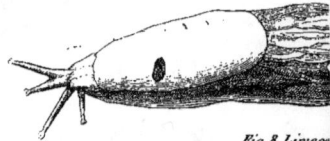

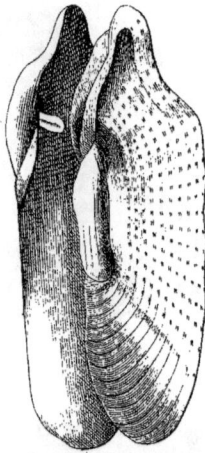

Fig. 4. Dail commun (la coquille isolée)

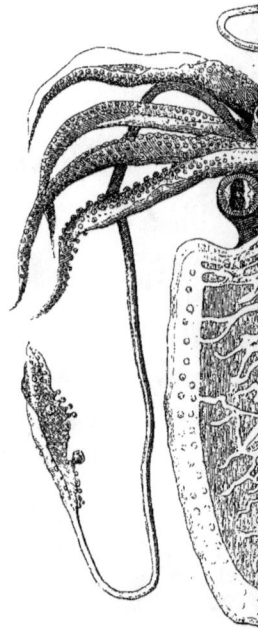

Fig. 12. Seiche officin...

Fig. 3. Dail commun (Pholas dactylus)

Fig. 2. l'Animal de la Tubicinelle.

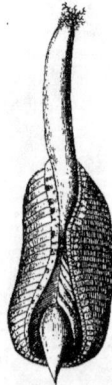

Fig. 10. Clio aus...

G. Heck dir.

Iollusques.

ig. 6-9; Ptéropodes. Fig. 10; Céphalopodes. F.11,12.

(Limax ater.)

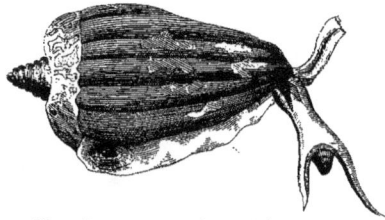

Fig. 7. Cornet commun.(Conus generalis)

pia officinalis)

Fig. 11. Nautile papyracé.(Argonauta argo)

Fig.9. Glaucus.(Glauque atlant?)

Fig.5. Bucarde.(Cardium echinatum)

lio australis)

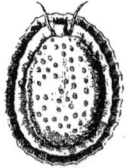

Fig.6. Patelle.(Patella.) vu de dessous

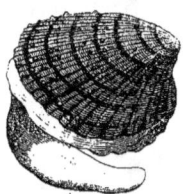

VI.ᵉ Classe : Crustacés

Branchiopodes Fig. 1.2; Isopodes Fig. 3; Octopodes (Arachnides) Fig. 4.5; Décapodes Fig. 6 et 7.

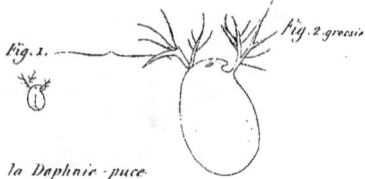

Fig. 1.

Fig. 2. grossi.

la Daphnie-puce.
(Daphnia pulex)

Fig. 5.

le Scorpion (Scorpio occitanus)
rougeâtre

la Tarentule

Fig. 16.

Fig. 11.

Fig. 8.

le Stomoxe piquant
(Stomoxis grisea) un peu grossi.

le Crabe doré.
(Carabus auratus)

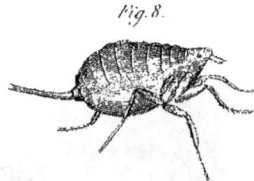

la Chique ou Puce pénétrante
(Pulex penetrans) grossie

Fig. 5.

Fig. 15.

l'Armadille (Oniscus armadillo)

la Femelle du Lampyre luisant.

Fig. 22.

Le Fourmillon ordinaire.
(Myrmeleon formicarius)

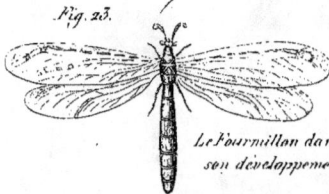

Fig. 23.

Le Fourmillon dans tout
son développement

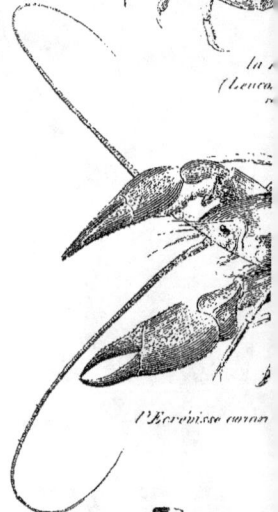

l'Écrevisse commune

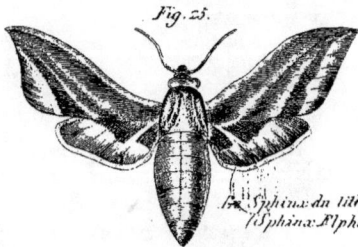

Fig. 25.

Fig. 20.

la Blatte de Laponie
(Blatta laponica)

le Sphinx du tithymale
(Sphinx Elphenor)

Le Paon de

VII.ᵉ Classe : Insectes.

Aptères Fig.8; Hémiptères Fig.9. 10; Coléoptères Fig. 11-15; Hyménoptères Fig.18; Orthoptères F.16.17;
Diptères F.19-21; Névroptères F.22.23; Lépidoptères (Papillons) Fig. 24-26.

(...anea tarantula.)

Fig. 12.

le Bousier sacré
(Ateuchus sacer.)

Fig. 10.

le Nèpe cendrée.(Nepa cinerea.)

Fig. 9.

la Scutellère rayée
(Scutellera lineata.)

...ie.
cleus.)

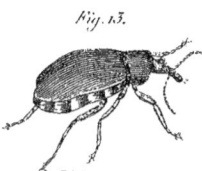

Fig. 13.

le Rhinomacer
(Rhinomacer curculionoides).gross.

Fig. 18.

l'Abeille domestique
(Apis mellifica)
grossie

Fig. 14.

le Lampyre luisant.
(Lampyris noctiluca)
le mâle.

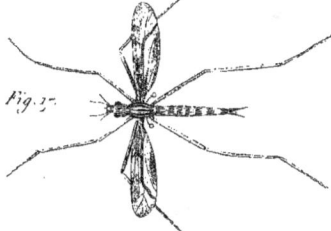

Fig. 27.

la Tipule des prés.
(Tipula lunata)

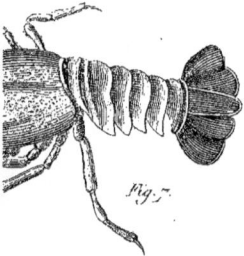

Fig. 7.

(Astacus fluviatilis)

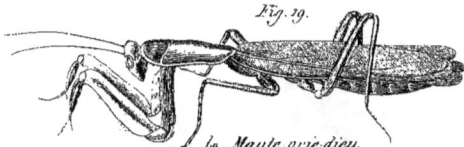

Fig. 29.

la Mante prie-dieu
(Mantis religiosa)

...6.

(Papilio Io.)

Fig. 21.

la Forficule biponctuée
(le mâle.)

Fig. 24.

Le Paon de nuit.(Bombix pavonia major)
(réduit)

XIe Classe.M

Cétacés	Fig. 1.	C
Pachydermes	2.	E
Ruminans	3.	J
Solipèdes	4.	M
Plantigrades	5.	C
	Quadr

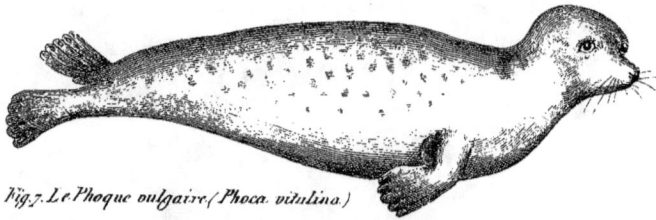

Fig. 7. Le Phoque vulgaire (Phoca vitulina.)

Fig. 4. Le Cheval Arabe (Equus Arabicus.)

Fig. 2. Le Rhinoceros des Inde

Fig. 5. L'Aurochs d'Europe (Bos Urus.)

Fig. 10. La Souris (Mus Musculus.)

Fig. 13. La Chauve-Souris Murin (Vespertilio Murin.)

Fig. 12. Le Sarigue femelle

G. Heck dir.

Fig. 1.   Le Dauphin vulgaire. (Delphinus Delphis.)

noceros Indicus.)

Fig. 6. Le Tigre Royal. (Felis Tigris.)

Fig. 11. Le Sarigue mâle.
(Didelphis Marsupialis.)

Fig. 5. L'Ours noir d'Amérique. (Ursus Americanus.)

Fig. 9. Le Porc-épic.
(Hystrix Cristata.)

Fig. 8. Le Tamanoir. (Myrmecophaga jubata.)

Troglodyte Chimpanzée. (Simia Satyrus.)

Variété originaire ou centrale de

Femme Arménienne.

Géorgien.

Circassi

Arnauts.

Turc noble.

Femme

Arabe.

Copte.

Cosaque

ncien Continent. *(Race Caucasienne.)*

Circassien.

Cabardinien.

uine.

Persan noble.

Esthonien.

Don.

Mamelouck.

Hindou.

Dieudonné, sc.

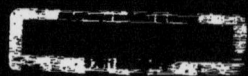

www.ingramcontent.com/pod-product-compliance
Lightning Source LLC
Chambersburg PA
CBHW071227290326
41931CB00037B/2313